中社智库 国家智库报告 2019（11）
National Think Tank
经济

长江经济带城市协同发展能力指数(2018)研究报告

曾刚　王丰龙　滕堂伟　胡德　等著

REPORT ON INDEX OF URBAN COORDINATED DEVELOPMENT CAPABILITY IN THE YANGTZE RIVER ECONOMIC BELT (2018)

中国社会科学出版社

图书在版编目(CIP)数据

长江经济带城市协同发展能力指数（2018）研究报告／曾刚等著. —北京：中国社会科学出版社，2019.6

（国家智库报告）

ISBN 978-7-5203-4765-5

Ⅰ.①长… Ⅱ.①曾… Ⅲ.①长江经济带—城市经济—经济发展—研究报告—2018 Ⅳ.①F299.275

中国版本图书馆CIP数据核字（2019）第151272号

出 版 人	赵剑英
项目统筹	王 茵
责任编辑	喻 苗
特约编辑	范晨星
责任校对	季 静
责任印制	李寡寡

出　　版	中国社会科学出版社
社　　址	北京鼓楼西大街甲158号
邮　　编	100720
网　　址	http://www.csspw.cn
发 行 部	010-84083685
门 市 部	010-84029450
经　　销	新华书店及其他书店
印刷装订	北京君升印刷有限公司
版　　次	2019年6月第1版
印　　次	2019年6月第1次印刷
开　　本	787×1092　1/16
印　　张	7.5
字　　数	75千字
定　　价	39.00元

凡购买中国社会科学出版社图书，如有质量问题请与本社营销中心联系调换
电话：010-84083683
版权所有　侵权必究

长江经济带城市协同发展能力指数（2018）编纂委员会

主　编：

　　曾　刚　教育部人文社科重点研究基地中国现代城市研究中心主任，上海市人民政府决策咨询研究基地曾刚工作室首席专家，华东师范大学城市发展研究院院长、终身教授

副主编：

　　王丰龙　华东师范大学城市发展研究院副教授、博士

　　滕堂伟　华东师范大学城市与区域科学学院副院长、教授

　　胡　德　华东师范大学城市与区域科学学院讲师、博士

编　委：

  石庆玲　华东师范大学城市发展研究院晨晖学者、博士

  曹贤忠　华东师范大学城市发展研究院博士后、博士

  朱贻文　华东师范大学城市发展研究院博士后、博士

  葛世帅　华东师范大学城市发展研究院博士生

  叶　雷　华东师范大学城市发展研究院博士生

  苏　灿　华东师范大学城市发展研究院博士生

  胡森林　华东师范大学城市发展研究院博士生

  郝　均　华东师范大学城市发展研究院博士生

  陈　炳　华东师范大学城市发展研究院硕士生

秘　书：

  王丰龙　华东师范大学城市发展研究院副教授、博士

摘要： 延续2016年以来报告的思路和框架，本报告从经济发展、科技创新、交流服务、生态支撑四大领域构建了2018年长江经济带城市协同发展能力指数，并响应新时期国家高质量发展的要求，增加了衡量发展质量的指标。利用自然断裂点分析、空间自相关分析和规模—位序分析等方法，对长江经济带110个地级及以上城市的协同发展能力进行了系统分析；从国际比较和历史比较的角度，分析了长江经济带和莱茵河流域协同发展的异同以及长江经济带城市协同发展能力的时空演变特征。研究发现，长江经济带110个地级及以上城市根据协同发展能力在空间上连续多年呈现东高西低、省会城市和沿江沿海城市较高的态势，且生态与经济、交通和创新发展之间一直未形成良性互动；与莱茵河流域相比，长江经济带的协同发展呈现以上海为龙头的单中心特征，区域整体的协同质量和效率仍待提高。报告提出了建立顶层协调机制、出台《长江法》、建立长江生态保护基金、发挥城市群带动作用等建议。

关键词： 长江经济带；协同发展；指数；空间分析；高质量发展

Abstract: Following the methods and framework adopted by our previous reports released since 2016, we put forward the 2018 Index of Urban Coordinated Development Capability in the Yangtze River Economic Belt with four components: scientific and technological innovation, economic development, communication & transportation, and ecological protection. In response to the requirements of high-quality development in the new era, indicators measuring development quality were added. Using the methods of natural break-point analysis, spatial autocorrelation analysis and rank-size distribution analysis, this paper systematically analyzes the coordinated development capability of 110 municipal cities in the Yangtze River Economic Belt; from the perspective of international comparison and historical evolution, the similarities and differences between the Yangtze River Economic Belt and the Rhine River Basin are summarized and the characteristics of spatio-temporal evolution of coordinated development capability of the Yangtze River Economic Belt are depicted. The study finds a consistent spatial pattern of higher level of coordinated development capability in the east, the provincial capitals, the coastal region and cities along the Yangtze River in the Yangtze River Economic Belt; ecological protection is weakly correlated with economic, transportation and innovation development. Compared with the Rhine River Basin, the Yangtze River Economic Belt shows a polarized characteristics with Shanghai as the single leader in the economic belt, and a relatively low level of coordinated development capability since the overall quality and efficiency of the development in this region still needs to be improved. The report proposes several suggestions including the establishment of a top-level coordination mechanism, issuing of the "Yangtze River Law", establishment of the Yangtze River ecological protection fund, and the emphasis of the function of urban agglomerations.

Key Words: Yangtze River Economic Belt, Coordinated Development, Index, Spatial Analysis, High-Quality Development

前　言

长江经济带发展是新时期中国重要的国家发展战略之一。一方面，在"一带一路"倡议的推动下，中国正加快更高水平的开放步伐；另一方面，以京津冀协同发展、粤港澳大湾区建设和长三角区域高质量一体化等国家发展战略为依托，中国正在构成对外对内开放联动互补的区际协同发展新格局。而长江经济带横跨中国东、中、西部三大发展地带，应该充分利用有利的区位条件，探索出未来中国经济增长的新动力、经济发展的新模式。

自2013年习近平总书记开启长江经济带建设新征程以来，长江经济带的建设思路总体上经历了三次不断深化和提升的阶段。第一阶段，2013—2015年：强调长江的黄金水道功能。2013年7月习近平总书记在湖北调研时强调："长江流域要加强合作，充分发挥内河航运作用，发展江海联运，把全流域打造成黄金水道。"2013年9月21日李克强总理批示："依托长江这条横贯东西的黄金水道，带动中上游腹地发展，促进中西部地区有序承接沿海产业转移，打造中国经济新的支撑带。"2014年政府工作报告明确提出："依托黄金水道，建设长江经济带"，标志着这一战略被正式确定为国家战略。这一阶段主要强调以长江水运通道为骨架的产业走廊建设。第二阶段，2016—2017年：强调长江流域的生态保护。2016年1月5日在重庆召开的推动长江经济带发展座谈会上，习近平总书记指出，当前和今后相当长一个时期，要把修复长江生态环境摆在压倒性位置，共抓大保护，不搞大开发。2017年7—8月，国家环境保护部、国家发展和改革委员会、工业和信息化部以及交通运输部等先后发布了《长江经济带生态环境保护规划》《关于加强长江经济带工业绿色发展的指导意见》以及《关于推进长江经济带绿色航运发展的指导意见》等政策文件。这些文件都十分强调长江经济带的生态保护和绿色发展，部分沿江省市甚至将生态环境保护作为唯一施政目标。第三阶段，2018年至今：协调发展和高质量发展。2018年4月26日，习近平总书记在武汉主持召开深入推动长江经济带发展座谈会并发表重要讲话，强调推动长江经济带发展关键是要正确把握整体推进和重点突破、生态环境保护和经济发展、总体谋划和久久为功、破除旧动能和培育新动能、自我发展和协同发展之间的关系，推动经济高质量发展是建设长江经济带的必由之路。2018年11月5日，习近平总书记在首届中国国际进口博览会上宣布，将支持长江三角洲区域一体化发展并上升为国家战略，推进更高起点的深化改革和更高层次的对外开放。这一阶段中央领导重点强调高质量发展，并突出了长三角地区在长江经济带发展中的引领示范作用。

为响应新时期中央长江经济带建设的新要求，助推长江经济带城市间协同发展，在国家发展和改革委员会、国务院发展研究中心、上海市人民政府的支持下，由教育部人文社科重点研究基地中国现代城市研究中心（中国智库CTTI）、长江流域发展研究院、上海市人民政府决策咨询研究基地曾刚工作室（中国智库CTTI）、华东师范大学城市发展研究院学术骨干组成的项目组，自2015年开始每年研制并发布"长江经济带城市协同发展能力指数"（下称"指数"），根据中央关于长江经济带建设的总体战略部署，科学系统地评估了长江经济带内110座地级及以上城市的协同发展能力，为长江经济带内省市推动、落实"创新、协同、绿色、开放、共享"的发展理念提供了科学依据和政策参考。自2015年首次发布"指数"以来，"指数"研究项目组接受国家发展和改革委员会和上海市发展和改革委员会等部门委托完成了一系列高水平的研究咨询报告；"指数"的相关研究成果得到了学界、政界、商界的高度肯定，被中央电视台、新华网、人民网、《光明日报》、《解放日报》等10余家国内主流媒体报道；自2016年以来，"指数"的研究报告被纳入中国社会科学出版社的"国家智库报告"系列出版，《长江经济带城市协同发展能力指数（2016）研究报告》还获得了"上海市第十四届哲学社会科学中国特色社会主义理论优秀成果"二等奖。

在继承此前三年"指数"研究成果的基础上，在编制2018年长江经济带城市协同发展能力指数时考虑了发展质量维度，构建了由经济发展、科技创新、交流服务、生态支撑四大领域19个核心指标组成的评价指标体系，采用自然断裂点分析、空间自相关分析和规模—位序分析等方法，对长江经济带110个地级及以上城市的协同发展能力进行了系统分析。此外，本年度的"指数"研究报告进一步从国际比较和历史比较的角度，分析了长江经济带和莱茵河流域协同发展的异同以及长江经济带城市协同发展能力的时空演变特征。

研究发现，①长江经济带110个地级及以上城市根据协同发展能力可以分为5个等级，上海是龙头城市，协同发展能力在长江经济带排名首位；南京、苏州、杭州、武汉、成都和重庆6座城市是具有辐射带动作用的区域性节点城市；长沙、无锡、宁波、合肥等27座城市是区域重要城市，在个别领域表现突出；湖州、衡阳、蚌埠等60座城市是地方重要城市，对周边邻近区域具有一定的辐射带动能力；铜陵、眉山、孝感等11座城市是协同发展能力薄弱的地方一般城市。②从空间分布上看，长江经济带城市协同发展能力呈现东高西低、省会城市和沿江沿海城市较高的态势，说明协同发展程度仍待提高。③从要素间关系看，长江经济带城市的经济发展水平、科技创新水平、交流服务能力与其生态支撑能力之间不存在显著相关性，说明目前的发展尚未形成生态包含与经济发展的良性互动。④从演变趋势看，近4年来长江经济带城市协同发展能力逐渐增强，但整体水平依旧较低；经济带内城市的协同发展能力始终呈现"东—中—西"阶梯式递减的空间格局，直辖市、省会城市和大部分沿海城市的协同发展能力排名靠前。⑤与莱茵河流域比较发现，莱茵河流域的协同发展呈现多中心、高质量、高效率的特征，城市协同能力较为均衡，而长江经济带的协同发展呈现单中心的特征，协同水平和效率相对较低。

为了推进长江经济带城市协同发展，笔者建议，未来应该强化统一组织领导，建立权威、高效的顶层协调机制；尽快出台《长江法》，推进长江保护法制进程；建立长江生态保护基金，利用市场机制助推生态环境协同保护；发挥核心城市引领作用，依托城市群协同带动流域协同发展；建立基于创新链、产业链、价值链耦合的流域现代化经济体系；强化协同发展的评估与监督，增强协同发展决策的科学性。

在研究报告的编制过程中，中国科学院院士、中国科学院地理科学与资源研究所陆大道研究员，华东师范大学城市发展研究院理事长胡延照教授，华东师范大学原党委副书记、城市发展研究院副理事长罗国振教授，华东师范大学城市发展研究院副理事长、东方房地产学院院长张永岳教授等专家和领导给予了大力支持和精妙建议。在此表示衷心的感谢！

当然，长江经济带城市协同发展水平的评估和能力的评价是一项全新而又复杂的工作。尽管项目组在已有研究成果的基础上不断完善创新，但是受多方面限制，疏漏谬误在所难免，恳请各位读者批评指正。

华东师范大学终身教授　曾刚
2018年11月于上海华东师范大学丽娃河畔

目　录

第一章　长江经济带城市协同发展的背景 ………（1）
　一　城市协同发展是全球各大流域经济发展的
　　　重要模式 ………………………………（1）
　二　城市协同发展是中国区域协调发展的
　　　重要抓手 ………………………………（4）
　三　城市协同发展是长江经济带高质量发展的
　　　重要途径 ………………………………（6）

**第二章　长江经济带城市协同发展能力评价
　　　　　方法** ………………………………（8）
　一　协同发展能力评价的理论基础 ……………（8）
　　（一）复合生态系统理论 ………………………（8）
　　（二）区域创新系统理论 ………………………（9）
　　（三）演化经济地理学理论 ……………………（10）
　二　协同发展能力评价指标体系 ………………（10）

(一)经济发展指标……………………………(12)
(二)科技创新指标……………………………(15)
(三)交流服务指标……………………………(18)
(四)生态支撑指标……………………………(20)
三 计算过程与分析方法………………………(23)

第三章 长江经济带城市协同发展能力评价结果……………………………………(26)

一 长江经济带城市协同发展能力排行榜……(26)
二 长江经济带专题领域协同发展能力
    排行榜………………………………………(34)
    (一)长江经济带城市经济协同发展能力
        排行榜……………………………………(35)
    (二)长江经济带城市科创协同发展能力
        排行榜……………………………………(37)
    (三)长江经济带城市交流服务能力
        排行榜……………………………………(39)
    (四)长江经济带城市生态保护协同能力
        排行榜……………………………………(41)
    (五)不同领域协同能力的相关关系………(44)
三 城市协同发展能力的空间关系分析………(46)
    (一)长江经济带城市协同发展能力空间集聚
        效应分析…………………………………(46)

（二）长江经济带城市协同发展能力空间
　　　异质性分析……………………………（49）
（三）长江经济带城市群的空间划分 ………（51）

第四章　促进长江经济带城市协同发展的政策
　　　　建议……………………………………………（57）
一　强化统一组织领导,建立权威、高效的顶层
　　协调机制……………………………………（57）
二　加快出台《长江保护法》,推进长江保护
　　法制进程……………………………………（60）
三　建立长江生态保护基金,利用市场机制
　　助推生态环境协同保护……………………（61）
四　发挥核心城市引领作用,依托城市群协同
　　带动流域协同发展…………………………（63）
五　建立基于创新链、产业链、价值链耦合的
　　流域现代化经济体系………………………（66）
六　强化协同发展的评估与监督,增强协同
　　战略决策的科学性…………………………（68）

**附录1　莱茵河流域与长江经济带城市协同发展
　　　　能力比较**……………………………………（71）
一　空间结构:多中心 vs 单中心 ………………（72）
二　经济发展:发展质量 vs 规模增长 …………（74）

三　交流服务：对外服务 vs 交通运输 ……… (76)
四　生态治理：机构职责单一 vs 全流域
　　协调 ……………………………………… (79)

附录2　长江经济带城市协同发展能力时空演变特征分析 ……………………………… (82)
一　长江经济带城市协同发展能力时间变化
　　特征分析 ………………………………… (83)
二　长江经济带城市协同发展能力空间演变
　　特征分析 ………………………………… (86)

参考文献 …………………………………… (94)

第一章　长江经济带城市协同发展的背景

区域合作是当今世界地区发展的一大趋势，高水平的一体化区域是牵引、支撑国家经济的火车头，也是代表国家参与全球竞争和合作的重要载体。区域合作是新时代中国区域实现协调发展的大趋势，是各地区实现高质量发展的内在要求和有效途径。

一　城市协同发展是全球各大流域经济发展的重要模式

城市协同发展是流域经济发展的重要模式。以五大湖为例，五大湖是地球表面最大的淡水水体，水面面积约77699平方公里，约占美国地表淡水总量的90%、地球地表淡水总量的20%。由美国8个州（伊利诺伊州、印第安纳州、密歇根州、明尼苏达州、纽约州、俄亥俄州、宾夕法尼亚州和威斯康星州）和加拿大的安大略省分享。五大湖造就了北美五大湖城市群，包括芝加哥、底特律、克利夫兰、匹兹堡、多伦多、蒙特利尔等城市及其周边市镇。2014年，该城市群面积24.5万平方公里，人口5000万人，GDP 33600亿美元，人均GDP 67200美元，在6大世界级城市群中分别位居第1名、第3名、第3名和第1名，分别有1/10的美国人和1/4的加拿大人在湖区居住，近25%的加拿大农业总产量和7%的美国农业总产量出产于湖区，它也在加拿大工业经济中起着主导作用。流域内的农业活动，集中于沿岸的工业和城市的发展，一度使得湖区水质下降，整个生态系统退化严重。经过美国和加拿大联邦政府以及五大湖流域的州（省）政府的协同修复行动，五大湖水质持续改善，湖区生态系统整体状况向好。

另外，欧洲莱茵河也是如此，莱茵河因其优越独特的地理位置，干流通航里程860公里，占全流域的65%，享有"黄金水道"之称。莱茵河流经西欧最重要的工商业地区，并流水位比较稳定，水量充足，与多条运河相通，是世界上内河航运最发达的河流之一，成为世界上最繁忙的航运通道之一，7000吨级轮船可直抵科隆，斯特拉斯堡以下可通航5000吨级轮船，1500吨级船舶可直达巴塞尔，年货运吞吐量达到3亿吨。为保障莱茵河及其支流的航运自由与平等，促进莱茵河航运的繁荣与安全，莱茵河流域国家制定了各类法规条例以及签订各类协议和公约，建立了多个跨国和跨地区的管理协调机构。

因此，城市协同发展是全球各大流域经济发展的重要模式，中国政府也非常重视协同发展，如"一带一路"倡议的提出就是对国际合作以及全球治理新模式的新探索，这也是国家和平崛起，实现中华民族伟大复兴的战略选择。2013年9月和10月，习近平主席提出共建"丝绸之路经济带"和"21世纪海上丝绸之路"的重大倡议，由此，"一带一路"作为中国新的重大倡议备受国内外广泛关注。2014年3月，国家发改委等部门发布《推动共建丝绸之路经济带和21世纪海上丝绸之路的愿景与行动》，标志着"一带一路"建设步入全面推进阶段。2015年11月18日，习近平主席在亚太经合组织工商领导人峰会上指出，通过"一带一路"建设，中国将开展更大范围、更高水平、更深层次的区域合作，共同打造开放、包容、均衡、普惠的区域合作架构。2016年6月22日，习近平主席在乌兹别克斯坦最高会议立法院发表演讲指出，打造"一带一路"多元合作平台，中国愿同伙伴国家携手努力，推动各国政府、企业、社会机构、民间团体开展形式多样的互利合作，增强企业自主参与意愿，吸收社会资本参与合作项目,共同打造"一带一路"沿线国家多主体、全方位、跨领域的互利合作新平台。2018年,世界聚焦中国改革开放40年成就,愈加能够认识到,中国积极推进共建"一带一路",正是新时代中国全面深化改革、扩大开放的明证,正是中国致力于加强国际合作、完善全球治理的切实行动。国家领导人系列重要讲话及政策文件表明,协同合作是历史的选择也是时代的潮流,树立协同合作的理念,对于中国而言,重点是在和平共处五项原则基础上,发展同所有"一带一路"建设参与国的友好合作,不断赋予古老丝绸之路以崭新的时代内涵,在合作中将经济优势转化为互补优势,共同推动区域国家间的互惠共赢和繁荣稳定。

二 城市协同发展是中国区域协调发展的重要抓手

区域差异大、发展不平衡是中国的基本国情,党的十九大报告明确提出实施区域协调发展战略,对区域发展作出新部署,明确提出实施区域协调发展战略,建立更加有效的区域协调发展新机制。就长江经济带发展而言,如何促进东中西三大板块协调发展是尚待解决的难题和关键。

推动长江上中下游城市协同发展、东中西部互动合作是长江经济协调发展的重点。长江经济带的概念源于20世纪80年代提出的"长江产业密集带",它承东启西,是中国国土开发和经济布局"T"字形空间结构战略中一条重要的一级发展轴,和沿海经济带构成了中国经济发展的黄金走廊。在20世纪90年代,通过浦东开发战略、"长三角及长江沿江地区经济"的战略构想,以及"建设以上海为龙头的长江三角洲及沿江地区经济带"等,长江经济带迎来了第一个黄金时期。2013年7月21日,习近平总书记考察湖北时指出,"长江流域要加强合作,发挥内河航运作用,把全流域打造成黄金水道"。2014年9月25日,国务院发布了《关于依托黄金水道推动长江经济带发展的指导意见》,正式提出将依托黄金水道推动长江经济带发展,打造中国经济新支撑带,这标志着长江经济带正式上升为国家战略,长江流域的战略地位得到大幅上升。之后,2016年1月,在重庆调研的习近平总书记召开推动长江经济带发展座谈会,为长江经济带发展定了向、定了调:"当前和今后相当长一个时期,要把修复长江生态环境摆在压倒性位置,共抓大保护,不搞大开发。"2016年3月,国务院发布的《中华人民共和国国民经济和社会发展第十三个五年规划纲要》明确指出,发展长江经济带要坚持生态优先、绿色发展的战略定位,把修复长江生态环境放在首要位置,推动长江上中下游协同发展、东中西部互动合作,建设成为中国生态文明建设的先行示范带、创新驱动带、协调发展带。2017年10月,党的十九大报告提出长江经济带有着独特的区域战略特色和独有的协调发展价值,长江经济带能够发展成为东中西互动合作、沿海沿江沿边全面推进的协调发展带。2018年3月,习近平总书记在全国两会上进一步强调长江经济带不搞大开发、要共抓大保护,实现科学、绿色、可持续的开发,避免无序开发。综合来看,长江经济带作为流域经济,涉及水、路、港、岸、产、城和生物、湿地、环境等多个方面,是一个整体,要优化长江经济带城市群布局,坚持大中小结合、东中西联动,依托长三角、长江中游、成渝这三大城市群带动长江经济带发展。

三 城市协同发展是长江经济带高质量发展的重要途径

长江经济带在经济发展、科技创新、生态环保等领域迫切需要各城市协同发展,长江流域作为中国最重要的经济带,贯穿九省两市,涵盖了110个处于不同经济发展阶段的城市,城市协同发展对于长江经济带联动发展具有重要意义。2018年4月，习近平总书记在武汉主持召开深入推动长江经济带发展座谈会时强调，加强改革创新、战略统筹、规划引导，以长江经济带发展推动经济高质量发展。这一重要讲话精神，为长江经济带发展提供了科学指引和根本遵循。长江经济带实现高质量发展，既能撑起全国高质量发展的"半壁江山"，又能引领全国高质量发展。习近平总书记强调，推动长江经济带发展，要做好区域协调发展"一盘棋"这篇大文章，要坚持"一盘棋"布局、一张蓝图施工，形成推动长江经济带高质量发展的整体合力。作为长江经济带的领头羊，长三角城市群协同发展是实现长江经济带高质量发展的重要途径。习近平总书记高度重视长三角一体化发展工作，2018年11月5日他在首届中国国际进口博览会开幕式上的主旨演讲中宣布，支持长江三角洲区域一体化发展并上升为国家战略；2018年4月26日专门作出重要指示，不仅充分肯定了三省一市已取得的工作成效，而且对长三角一体化发展指明了方向：要实现"三个更"，使长三角地区实现更高质量的一体化发展，更好地引领长江经济带发展，更好地服务国家发展大局，要凝心聚力、抓好落实，上海要进一步发挥龙头带动作用，苏浙皖各扬其所长，国家有关部门要大力支持。

第二章 长江经济带城市协同发展能力评价方法

一 协同发展能力评价的理论基础

本研究除了参考大量关于区域协同发展和区域联系的相关理论外，主要基于演化经济地理理论、复合生态系统理论和比较城市化等理论。

（一）复合生态系统理论

20世纪80年代，马世骏等提出，虽然社会、经济和自然是三个不同性质的系统，有各自的结构、功能和发展规律，但它们各自的存在和发展受其他系统结构、功能的制约。为此，他们提出，需要从复杂系统角度考虑生态和发展问题，并提出了社会—经济—自然复合生态系统（SENCE）理论。复合生态系统指在特定区域内的以人为主体的社会、经济和自然系统通过协同作用而形成的复合系统，强调系统内部的层次性、系统的整体性以及动态相关性。该理论目前已被广泛用于区域生态治理、区域规划建设和主体功能区规划等领域。本研究基于这一理论，选取了创新产出等社会系统指标、人均GDP等经济指标和空气质量等生态指标综合衡量区域的协同发展能力，能够更科学全面地分析长江经济带在协同发展中面临的短板和制约因素。

（二）区域创新系统理论

区域创新系统（Regional Innovation System）是由地理上相互分工与关联的生产企业、研究机构和高等教育机构等构成的区域性组织体系，这种体系支持并产生创新。1992年，英国的Cooke在《区域创新系统：新欧洲的竞争规则》一文中首次提出区域创新系统的概念，并从系统构成的角度对区域创新系统进行了界定。Wigg在Cooke的基础上，将区域创新的参与主体进一步扩展至对创新活动进行政策法规约束与支持的政府机构以及金融、商业等创新服务机构。Asheim认为，区域创新系统在很大程度上可以被视作区域生产结构中支撑创新的制度基础设施，它使得其他区域难以复制和模仿本区域的竞争优势。笔者将区域创新系统理论用于指导衡量区域科技创新协同发展能力指标的选取，尤其注重大学、企业和政府的科技创新投入和产出等指标。

（三）演化经济地理学理论

演化经济地理学（Evolutionary Economic Geography，EEG）是近年来经济地理学新兴的理论方向，主要用于解释企业和区域的空间演化、集聚、网络化、路径依赖（path-dependence）、创新（innovation）和产业结构演进等问题。该理论融合了演化经济学和复杂系统等相关理论，注重历史和时间在经济发展中的作用，强调不确定性、非线性、偶然性和不可逆性，而放弃了传统经济学强调的最优化。目前，大量研究将演化经济地理理论用于分析区域发展中的路径创造、产业转移和技术创新等问题。笔者将演化经济地理学的理论用于指导衡量区域高质量一体化发展相关指标的选取，尤其注重技术创新、对外联系和人力资本等对于区域向高质量发展水平演变有重要影响的关联性和地方性能力指标。

二 协同发展能力评价指标体系

依据上述理论和现有区域协同发展评估方法，笔者构建了包含经济发展、科技创新、交流服务、生态支撑四个方面内容，人均 GDP、合作发明专利申请数、机场客货运量和重点监控高危企业数量等 19 个指标的长江经济带城市协同发展能力评价指标体系（表 2-1）。相关数据主要取自《中国城市统计年鉴》、长江经济带各地级市城市统计公报以及相关机构公开发布的数据。为减少个别年份波动导致的结果偏差，主要指标都采用最近三年数据的平均值。

表 2-1　长江经济带城市协同发展能力评价指标体系（2018 年）

要素层	指标层
经济发展	人均 GDP
	当年实际使用外资金额
	单位 GDP 的固定资产投资额
	全国制造业 500 强总部数
	银行总行支行数
	社会消费品零售额
科技创新	财政科技支出额
	"双一流"建设学科数量
	合作发明专利申请数量
	从事科技活动人员数量
交流服务	机场客货运量
	铁路班次数量
	互联网用户数

续表

要素层	指标层
生态支撑	环保固定资产投资占 GDP 比重
	气象灾害损失值
	单位 GDP 耗电量
	单位工业产值污水排放量
	空气质量指数（AQI）
	高危企业数量

（一）经济发展指标

经济发展水平是城市外向联系和控制力的核心与基础，经济辐射能力越强，对周边地区的引领带动作用越大，对区域协同发展的贡献也越大。不过，考虑到中央对高质量发展的最新要求，笔者不仅选取了当年实际使用外资金额、制造业 500 强总部数量、银行总行支行数量、社会消费品零售额等反映区域绝对经济影响力的指标，还纳入了人均 GDP 和单位 GDP 的固定资产投资额等反映经济发展质量的指标。各指标的具体含义和数据来源如下。

（1）人均 GDP

人均 GDP，即人均国内生产总值，常作为发展经济学中衡量经济发展状况的指标。人均 GDP 是最重要的宏观经济指标之一，它是人们了解和把握一个国家或地区的宏观经济运行状况的有效工具。对于大多数现代化国家，人均 GDP 比较客观地反映了一定国家社会的发展水平和发展程度。人均GDP本身具有社会公平和平等的含义，虽然不能直接等同于居民的人均收入和生活水平，但构成了一国居民人均收入和生活水平的主要物质基础，是提高居民人均收入水平、生活水平的重要参照指标。在本研究中，通过查找近三年《城市统计年鉴》中全市人均GDP获得该指标数据。

（2）当年实际使用外资金额

当年实际使用外资金额，即"FDI"，是常用的衡量经济对外开放程度的指标。只有实际利用外资才能真正体现中国的外资利用水平，外资是加快中国经济发展的催化剂，外商投资往往能够拉动对周边地区的产品、劳动力和服务的持续需求，是地方区域经济增长的强大动力，是推动区域经济一体化的一支重要力量。当年实际使用外资金额反映了地区吸引外部投资和对外合作联系的能力，这一方面可以间接反映出外商对区域综合竞争实力的整体评价，另一方面也在一定程度上体现了区域的经济发展增长潜力和影响力。在本研究中，通过查找近三年《城市统计年鉴》中当年实际利用外资金额获得该指标数据。

（3）单位GDP的固定资产投资额

单位GDP的固定资产投资额，是常用的衡量经济发展结构的指标。当前，简单通过追加大量固定资产投资来拉动GDP增长的发展方式已经越来越难以为继。固定资产投资是建造和购置固定资产的经济活动，即固定资产再生产活动。固定资产再生产过程包括固定资产更新、改建、扩建、新建等活动。固定资产投资增加，形成当前GDP的投入增加，使GDP立即增加。因此，关注单位GDP的固定资产投资额，将有助于城市的发展方式向更高质量的模式转变，使得发展重点放在优化投资结构、提高投资效率上。在本研究中，通过查找近三年《城市统计年鉴》获得该指标的相关数据，并通过笔者计算得出。

（4）全国制造业500强总部数量

制造业500强总部数量，是国际上通用的衡量企业空间组织所产生的城市与区域空间效应的重要指标。反映了制造业总部在城市等级结构下，高等级城市对其下级城市的影响力和控制力。现今长江经济带很多地区已将发展总部经济纳入城市发展战略，制造业500强总部数量在一定程度上能够反映城市总部经济发展水平及其在区域产业格局中的影响力和协同能力。在本报告中，相关指标来自中国企业联合会、中国企业家协会等发布的中国制造业企业500强榜单。

（5）银行分行支行数量

银行分行支行数量，即对一个城市所拥有的一定级别的银行网站数量进行加权统计。银行作为现代经济运行的核心，对经济的支持和调控作用愈发明显。

因此，国内无论是东部发达地区还是中西部欠发达地区都在力争建设以银行为主体的金融中心。银行业是区域金融活动的主要机构，也是金融资源的主要载体，正主导着中国现阶段的金融体系。银行数量是衡量城市金融行业发展水平的重要指标，可以间接反映城市金融控制力和经济影响力的强弱。本研究利用银监会银行名录确定银行总部所在地，并对不同级别的银行总行赋予了不同权重；通过百度地图兴趣点（POI）数据获得各个城市拥有的银行分行和支行数量，并与最低级的城市商业银行赋予相同权重，通过加权求和计算该指标。

（6）社会消费品零售总额

社会消费品零售总额，是指国民经济各行业直接售给城乡居民和社会集团的消费品总额。它是反映各行业通过多种商品流通渠道向居民和社会集团供应的生活消费品总量，是研究国内零售市场变动情况、反映经济景气程度的重要指标。地区社会消费品零售总额越大，其商业越发达，经济市场越活跃，其对外服务能力也越强。在本研究中，通过查找近三年《城市统计年鉴》中全市社会消费品零售总额获得该指标数据。

（二）科技创新指标

科技创新是提升区域经济效益和综合实力的重要

动力，是促进区域发展的关键因子之一。笔者延续此前研究的思路，选取了财政科技支出额、"双一流"建设学科数量、合作发明专利申请数量和从事科技活动人员数量四个指标。各指标的具体含义和数据来源如下。

（1）财政科技支出额

财政科技支出，是指地方政府在科技研发方面的经费支出。由于科技创新本身的高成本、高风险、回报周期漫长和不确定性等特点，决定了政府必须对科技投入领域进行干预，科技财政支出就是指政府及其相关部门为支持科技活动而进行的经费支出。在中国提出建设创新型国家的形势下，这一指标能有效反映城市科技投入水平和地方政府对科技创新的重视程度。在本研究中，通过查找近三年《城市统计年鉴》中全市政府财政科技支出额获得该指标数据。

（2）"双一流"建设学科数量

"双一流"即世界一流大学和一流学科。建设世界一流大学和一流学科，是党中央、国务院作出的重大战略决策，是提升中国高等教育综合实力和国际竞争力的重要举措。大学在知识与技术创新、人才培养等方面发挥着不可替代的作用，对区域的知识生产和技术扩散有着重要的促进意义。在城市的发展及崛起过程中，当地高校的创新人才和科研成果起着重要的支持作用。"双一流"高校在教育、科研等方面对当地及周边城市乃至全国都有着极大的影响力,"双一流"建设学科数量能够反映城市高端人才及科技力量培养、聚集的能力,能够衡量城市的创新环境及创新潜力。本研究通过查找国家"双一流"学科建设公布的学科列表名单,按城市汇总而计算得到该指标数据。

(3) 合作发明专利申请数量

合作发明专利申请数量,是指按某个城市进行地域划分,在该地域范围内,可检索到的合作发明专利申请总数。城市间的创新合作有利于获取外部知识和创新资源,从而促进城市的科技发展,而合作发明专利申请数是对城市间创新合作强度的有效度量。为了突出城市间的协同能力,对同一城市的合作主体间联系不做统计,并去掉了以个人作为创新主体的城市间创新联系。本研究从国家知识产权局获得长江经济带内城市申请的各项发明专利明细,并根据合作专利中各申请单位的地理位置和排序,汇总得出各个城市的合作发明专利申请总数。

(4) 从事科技活动人员数量

从事科技活动人员数量是指一个城市各个单位直接从事科技活动,以及专门从事科技活动管理和为科技活动提供直接服务的人员。城市创新能力的大小、发展的快慢与科技人力资源的数量、质量、结构、开发利用状况密切相关。因此，科技活动人员数量是科技人力资源中的基本要素之一，也是进行科技活动的主体。在本研究中，通过查找近三年《城市统计年鉴》中全市从事科技活动人员数量获得该指标数据。

（三）交流服务指标

交流服务交流能力主要反映区域内要素流通和信息交流强度，是促进区域整合、强化区域分工的重要保障。长江经济带综合交通运输网络是形成城市体系网络、实现区域协同发展的物质条件和必要前提。本研究中交通运输能力通过机场客货运量、铁路班次数量、互联网用户数三个具体指标衡量。

（1）机场客货运量

机场客货运量是反映一个机场的规模和效率的常用指标。机场客货运量主要反映了一个城市的对外交往能力，是一个城市国际影响力的重要体现。在生产要素全球流动频率越来越快的今天，航空运输业对于城市资源的集聚及配置能力与效率、在世界城市体系中的地位和能级、对外部的服务和辐射作用等至关重要。当前，世界上被公认的国际化大都市大都拥有两个以上的机场，航运繁忙、航空运输业发达。在本研究中，通过查找近三年《城市统计年鉴》中全市机场客运量和货运量获得相关数据，并通过加权计算得出该指标数据。

（2）铁路班次数量

铁路班次数量，是一个城市内各个火车站点出发或经停的客运班次总数。该指标能够反映一个城市铁路运输的繁忙程度和对外联系程度。本研究中的铁路班次数数据来源于网络（http：//huoche.cncn.com/），通过"车站查询"功能查询各个城市所有车站的各种型号列车的班次数获得，如上海市的铁路班次数是上海虹桥、上海南、上海3个火车站所有班次数的加总。最终的指标通过对各城市的高铁（G字头）、动车（D字头）、特快（T字头）、快速（K字头）、直快（Z字头）和普铁6种列车型号数加权求和计算得出。

（3）互联网用户数

互联网用户数，是反映城市在互联网时代信息化程度的常用指标。互联网就形如一张隐形的交通网，在电子产品日益普及的今天，互联网极大地降低了人们生活、生产活动的信息交流成本，提升了人们的沟通效率。另一方面，互联网建设对于促进城市产业结构调整，提高城市对外开放程度，增强城市综合实力具有重大意义。另外，只有拥有较高的信息化水平和较强的信息交流能力的城市，才有可能成为城市网络的重要节点，在区域协同发展中发挥重要作用。本研究通过查找近三年《城市统计年鉴》中全市互联网用户数获得该指标数据。

（四）生态支撑指标

生态发展能力反映生态环境为经济子系统提供物质能量、为社会子系统提供承载的支撑能力。生态发展能力是长江经济带协同发展的有力保障，也是落实中央关于长江经济带"大保护"要求的重要方面。本报告纳入了环保固定资产投资占GDP比重、单位GDP的耗电量、单位工业产值的污水排放量、空气质量指数（AQI）、气象灾害损失值、高危企业数量六个指标，综合反映生态经济、生态环境和生态风险等内容。

（1）环保固定资产投资占GDP比重

环保投资占GDP的比重，是衡量地区生态环境保护能力的重要指标。环保投资是指人类为解决现实的或潜在的环境问题，协调人类与环境的关系，保障经济社会的持续发展而采取的各种行动的总称。作为改善环境质量的重要手段，环保投资力度在一定程度上能够反映当地对环保的重视程度及环保建设的强度，在贯彻绿色发展理念的发展背景下，加大环保投资比重对于提高区域整体生态环境水平有着重要意义，只有加大环保投资比重，城市才有可能减少并及时处理自身生态安全潜在问题，减小各类环境问题对城市的影响，进而促进城市"社会—经济—自然"复合生态系统全面协调地发展。本研究通过查找近三年《中国城市建设统计年鉴》获得排水、园林绿化、市容环境卫生三项市政公共设施建设固定资产投资的数据，进而通过加和等计算获得该指标。

(2) 气象灾害损失值

气象灾害损失值，表征气象受灾情况和国家的抗灾能力，能够很好地反映灾害对人类和生态的破坏程度。气象灾害造成的损失多涉及多个区域，区域间有效的协调防治能更好地减灾抗灾。气象灾害损失值能够有力地说明区域发生灾害的情况和对抗灾害的能力。本报告中长江经济带各省的气象灾害受灾人数和经济损失来自近三年的《中国统计年鉴》和《中国气象灾害年鉴》，各城市气象灾害受灾人数和经济损失的平均值根据各市常住人口占本省常住人口比例估算，最终的指标通过标准化后加总获得。

(3) 单位 GDP 耗电量

单位 GDP 耗电量，指一个国家或地区一定时期内生产一个单位的国内生产总值所消耗的电能，是国际上通用的衡量经济可持续发展能力与产业结构优化的重要指标。该指标直接反映了经济发展与能源消费之间的强度关系，即每创造一个单位的社会财富需要消耗的能源数量。单位 GDP 耗电量越大，说明经济发展对能源的依赖程度越高。同时，该指标间接反映区域产业结构状况、能源消费构成、设备技术装备水平和能源消耗利用效率等多方面内容，间接反映各项节能政策措施所取得的效果，起到检验节能降耗成效的作用。本报告中该指标数据根据近三年《中国城市统计年鉴》中全市全社会用电量和GDP计算获得。

（4）单位工业产值污水排放量

单位工业产值污水排放量也称工业污水排放系数，是一个国家或地区一定时期内生产一个单位的国内工业产值所排放的污水量。该指标是衡量经济环境协调发展程度的量化表征，直接反映经济活动对水环境的影响程度。近些年，长江水环境形势严峻，是长江流域生态环境及经济发展面临的主要风险之一。水环境的恶化直接威胁区域经济增长和人居生存空间，进而影响长江经济带的可持续发展。报告纳入单位工业产值污水排放量来反映长江经济带各城市面临的水环境风险及其水环境综合治理能力，进而为区域环境问题的联防联治提供参考。本报告这一指标根据近三年《中国城市统计年鉴》中的工业废水排放量和工业产值计算获得，部分缺失值通过所在城市统计局、网络信息补充。

（5）空气质量指数（AQI）

空气质量指数（Air Quality Index，简称AQI），是定量描述空气质量状况的无量纲指数。其数值越大、级别和类别越高、表征颜色越深，说明空气污染状况越严重，对人体的健康危害也就越大。AQI 是大气环境质量的表征，它能够反映城市对空气质量问题的重视及治理的投入力度，从侧面也能反映出城市居民的环保意识，在一定程度上也能进一步反映出该城市经济发展的质量及创新驱动转型的成效。本研究该指标数据来自国家环保部网站公布的数据。

（6）高危企业数量

高危企业数量，是指会给城市带来较大生态风险的企业总数。经济快速发展的同时，也伴随着生态环境问题的出现，这些问题是影响区域协同发展的重要因素。报告以高危企业的数量来衡量经济高速发展带来的生态风险。相关数据来自国家环境保护部和各省环保厅公布的重点监控企业名录，主要包括规模化畜禽养殖场、排放废水企业、排放废气企业、污水处理厂、重金属企业、危险废物企业等类型。

三　计算过程与分析方法

总体上，本研究中指标体系的权重采取逐级分配的方式确立。首先，将目标层的权重设为1，再按目标层下属的四个要素层均分，每个要素层对相应的具体指标的标准化值取加权平均值。

计算中首先对每个指标进行无量纲转换。转换中区分了该指标是属于正指标还是逆指标。正指标的最大值计为 100 分，最小值计为 1 分；逆指标的最小值计为 100 分，最大值计为 1 分；其余城市的得分参照最高与最低城市的得分进行标准化转换。具体标准化算法参见《长江经济带城市协同发展能力指数（2016）研究报告》和《长江经济带城市协同发展能力指数（2017）研究报告》中的相关内容，这里不再赘述。

在获得各个具体指标的标准化值后，首先对各专题的具体指标进行平均，再将城市各专题的平均得分进行标准化后取平均得到各城市最终的城市协同发展能力得分。根据各个指标的差异，本研究对个别指标进行了加权处理，最终通过加权平均得到各个要素层的得分。其中，第 i 要素层 B_i 得分的计算公式为：

$$B_i = \sum_k x_{ki} w_k, i = 1, 2, 3, \cdots, n$$

其中，B_i 为第 i 个要素的评价值，w_k 为第 k 个指标的权重，x_{ki} 为第 i 个评价对象第 k 个指标的分值。由上式计算得出的综合评价值的大小进行排序，即得出长江经济带各城市协同发展能力的排序。根据指标定义，城市的某一要素得分越高表示该城市在这一要素层面的协同发展能力在长江经济带中越强。

本研究主要采用了相关分析、空间分析、自然断裂点和规模位序分析等方法。具体计算公式可以参见《长江经济带城市协同发展能力指数（2016）研究报告》和《长江经济带城市协同发展能力指数（2017）研究报告》的相关内容。

第三章　长江经济带城市协同发展能力评价结果

　　根据国家统计局以及长江经济带9省2市统计局近几年来公布的官方统计资料，采用由科技创新、经济发展、交流服务、生态保护四个领域21个指标构成的评价指标体系以及加权平均并求和的计算方法，对长江经济带110个地级及以上城市协同发展能力进行了综合计算，并对比2017年长江经济带城市协同发展能力排行榜，对2018年度各城市在排行榜的位次变动、空间分布特征，以及内在驱动因子等进行了详尽分析。

一　长江经济带城市协同发展能力排行榜

　　根据综合计算结果，形成了2018年长江经济带城市协同发展能力排行榜（表3-1）。从榜单可以看出，上海、南京、苏州、杭州、武汉、成都、重庆、长沙、无锡、宁波10个城市位居排行榜的前10名。① 与2017年相比，杭州、无锡和宁波是新进入前10名的城市，分别由第12位、第13位和第15位跃升至第4位、第9位和第10位，在排行榜中提升幅度较大；而合肥、南通和南昌则跌出了前10名，分别由第8位、第9位和第10位跌至第11位、第17位和第12位。从指数来看，总体上位居前10位的城市指数较2017年有所提升，且各城市间的指数差值有所减小，城市协同发展能力有所提升。

在排行榜的最后10个城市分别为荆州、衢州、黄石、乐山、荆门、马鞍山、临沧、淮南、鄂州、保山，名单与2017年有较大出入。② 嘉兴、娄底、绍兴、毕节4座城市从榜单中最后10名除名，其中嘉兴、绍兴和毕节在城市协同发展能力榜单中提升幅度巨大，由2017年的倒数5位分别跃升至第27位、第32位和第40位，娄底的提升幅度也较大，由排行榜中倒数第3位跃升至第84位。而荆州、荆门、临沧、淮南却在排

---

① 2017年，长江经济带城市协同发展能力排行榜前10名城市分别为：上海、南京、武汉、苏州、成都、重庆、长沙、合肥、南通和南昌。
② 2017年，长江经济带城市协同发展能力排行榜后10名城市分别为：衢州、嘉兴、娄底、绍兴、毕节、马鞍山、鄂州、保山、乐山和黄石。

行榜中有较大的下降幅度，跌入了后10名的行列。总的来看，长江经济带城市协同发展能力依然呈现东高西低、省会城市和沿江沿海城市较高的态势，这与2017年长江经济带城市协同发展能力的分布基本一致。

表3-1 长江经济带城市协同发展能力排行榜（2018年）

排名	城市	指数	排名	城市	指数	排名	城市	指数
1	上海	100.00	38	丽江	13.65	75	淮北	9.54
2	南京	51.96	39	资阳	13.29	76	咸宁	9.45
3	苏州	45.59	40	毕节	13.10	77	池州	9.06
4	杭州	44.39	41	吉安	13.03	78	自贡	8.73
5	武汉	42.27	42	岳阳	13.01	79	阜阳	8.66
6	成都	40.10	43	绵阳	12.96	80	邵阳	8.62
7	重庆	39.02	44	泰州	12.70	81	淮安	8.47
8	长沙	36.45	45	南充	12.67	82	随州	8.39
9	无锡	31.67	46	滁州	12.66	83	昭通	8.31
10	宁波	29.62	47	芜湖	12.62	84	娄底	8.29
11	合肥	28.77	48	曲靖	12.54	85	益阳	8.05
12	南昌	25.76	49	玉溪	12.08	86	宿迁	8.01
13	镇江	25.39	50	株洲	12.00	87	湘潭	7.98
14	温州	24.52	51	内江	11.77	88	达州	7.94
15	昆明	23.99	52	景德镇	11.74	89	黄冈	7.93
16	金华	22.69	53	泸州	11.72	90	亳州	7.86
17	南通	21.74	54	六安	11.55	91	十堰	7.83
18	常州	19.92	55	遂宁	11.42	92	襄阳	7.83
19	贵阳	19.12	56	永州	11.25	93	新余	7.73
20	台州	19.06	57	安顺	11.16	94	普洱	7.34

续表

排名	城市	指数	排名	城市	指数	排名	城市	指数
21	徐州	17.80	58	赣州	11.12	95	铜陵	6.93
22	抚州	17.54	59	巴中	11.11	96	眉山	6.92
23	宣城	16.76	60	连云港	11.08	97	孝感	6.91
24	舟山	16.72	61	铜仁	11.06	98	安庆	6.85
25	鹰潭	16.40	62	常德	10.84	99	宜宾	6.36
26	郴州	15.77	63	六盘水	10.80	100	攀枝花	6.00
27	嘉兴	15.74	64	遵义	10.76	101	荆州	5.71
28	黄山	15.67	65	九江	10.65	102	衢州	5.69
29	上饶	15.61	66	德阳	10.42	103	黄石	5.38
30	丽水	14.86	67	萍乡	10.17	104	乐山	4.22
31	扬州	14.61	68	张家界	10.16	105	荆门	4.19
32	绍兴	14.51	69	广元	10.07	106	马鞍山	3.95
33	盐城	14.37	70	雅安	10.06	107	临沧	3.54
34	宜春	14.20	71	广安	9.90	108	淮南	2.35
35	湖州	13.97	72	宜昌	9.59	109	鄂州	2.33
36	衡阳	13.87	73	怀化	9.56	110	保山	1.00
37	蚌埠	13.80	74	宿州	9.55			

长江经济带各地级市的协同发展能力与其位序近似服从 Zipf 的规模位序分布规律，得分的对数与其排序的拟合优度达到了 83.54%（图 3-1），较 2017 年提高 1 个多百分点。而且，前 10 名城市和后 10 名城市的协同能力虽然仍然偏离拟合的整体规模—位序分布曲线，但偏离程度较 2017 年有所下降。与 2017 年相比，2018 年年度规模—位序拟合线斜率的绝对值变小，说明协同发展能力呈现出分散化的趋势，说明

2018年度长江经济带城市的协同发展水平呈现出更加多元化的发展趋势,有些上年发展条件较差的城市由于生态领域协同发展能力比较突出,实现了超越,从而降低了不同城市位序分布的等级特征。不过,这也侧面反映出长江经济带城市很少在生态与经济发展等方面实现兼得,未来长江经济带协同发展能力还有待进一步提升。

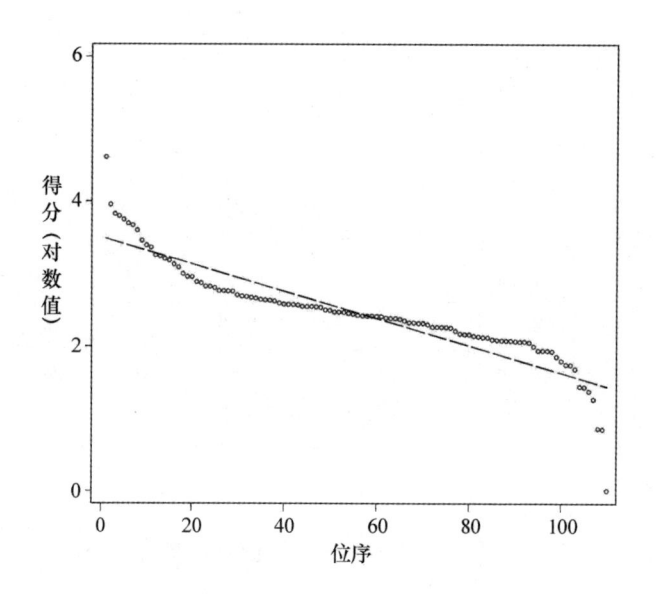

图 3-1 长江经济带城市协同发展能力的得分—位序分布(2018)

长江经济带内部各城市间的协同发展能力差距仍然比较显著。使用自然断裂点分析方法,根据本报告的现实数据,发现长江经济带城市协同发展能力的自然断裂点分别为52、39、14和7。据此,可以将长江经济带110个地级及以上城市分为五个等级。

第一类城市：龙头城市（得分100分）

与2017年相同，这类城市仍然仅含上海一座城市。上海的协同发展能力在长江经济带110个地级及以上城市中排名首位，得分遥遥领先于排在第二位的南京，是长江经济带协同发展的龙头。上海在经济发展、科技创新、交流服务等领域协同发展能力得分都位居榜首，仅在生态保护协同发展能力上得分较低。上海不仅具有规模可观的外资、科创资源，还具有辐射全流域的交通设施和生产性服务业，在辐射带动整个经济带的协同发展领域也具有一定的制度创新优势和前期发展经验，对长江经济带全流域发展具有重大影响。

第二类城市：区域中心城市（得分39—52分）

包括排名第2—7位的南京、苏州、杭州、武汉、成都和重庆6座城市。这6座城市分别位居长江上、中、下游，是对长江经济带三大城市群（成渝城市群、长江中游城市群和长三角城市群）具有辐射带动作用的区域性节点城市。这6座城市在经济发展、科技创新、交流服务领域拥有雄厚的基础，在三个排行榜中都名列前茅，然而在生态保护领域表现一般，仅排在中下游，平均协同指数为24.04，在经济发展、科技创新、交流服务领域的平均协同指数分别为48.49、31.99和51.57。其中，南京在合作专利数量以及重点高校数量上处于领先地位，是长三角城市群重要的科创中心；苏州合作专利数量、财政科技支出以及制造业500强总部数上都处于领先地位，是长三角地区重要的科创中心和经济中心；杭州的科技创新处于领先地位，是全经济带重要的科创中心；武汉在铁路客运数量以及重点高校数量上处于领先地位，是长江经济带重要的铁路节点和科创中心；成都在从事科技活动人员数量以及银行总行支行数处于领先地位，是长江上游地区的科创中心；重庆在GDP以及利用外资规模处于领先地位，是成渝城市群重要的经济中心。

第三类城市：区域重要城市（得分14—39）

包括排名第8—34位的长沙、无锡、宁波、合肥、南昌、镇江、温州、昆明、金华、南通、常州、贵阳、台州、徐州、抚州、宣城、舟山、鹰潭、郴州、嘉兴、黄山、上饶、丽水、扬州、绍兴、盐城、宜春计27座城市。这些城市虽然在综合能力上逊色于前一类城市，但往往在个别分专题领域表现突出。例如长沙在GDP总量及节能减排方面表现突出，是中部地区重要的经济中心和生态集约型城市；合肥在科技创新领域表现突出，是全经济带重要的科技创新重镇；昆明的航空运输量在长江上游地区位居魁首，是辐射西部、联通东南亚地区的重要航空节点；南通、镇江等则在生态建设领域具有很高的水平。

第四类城市：地方重要城市（得分7—14分）

包括排名第35—94位的湖州、衡阳、蚌埠、丽江、资阳、毕节、吉安、岳阳、绵阳、泰州、南充、滁州、芜湖、曲靖、玉溪、株洲、内江、景德镇、泸州、六安、遂宁、永州等计60座城市。这类城市总体协同能力并不突出，当前辐射带动能力相对较弱。不过，这些城市大多是地方性经济中心，在当地对邻近区域具有一定的辐射带动能力，如资阳在单位GDP耗电量等节能减排指标上表现良好，是成渝城市群重要的环境保护模范城市；个别专业化的城市依赖当地某类自然禀赋，如部分旅游城市、矿业城市；在个别领域有较强的对外服务功能，其未来的协同发展能力提升空间较大。

第五类城市：地方一般城市（得分<7分）

包括排名第95—110位的铜陵、眉山、孝感、安庆、宜宾、攀枝花、荆州、衢州、黄石、乐山、荆门、马鞍山、临沧、淮南、鄂州、保山等计16座城市。这类城市协同发展能力薄弱，与前四类城市相比差距显著。限制这类城市协同发展的因素主要有两个：一是存在生态保护或科技创新等领域的短板，且经济基础薄弱，而其他领域又不突出；二是对外联系强度很低，交流服务能力较弱，城市内几乎没有任何突出的对外服务功能，属于完全靠内生服务功能支撑的地方城市。

这类城市未来亟待补齐短板、增强对外联系，积极融入区域整体的协同发展。

从空间分布来看，长江经济带内上、中、下游城市的协同发展能力存在比较明显的差异。长江下游地区是协同发展能力高值集聚区，存在上海这一个全经济带的中心和南京、苏州、杭州、合肥等区域性中心，城市间协同发展能力水平差异不大，已步入一体化阶段，是长江经济带其他地区发展的样板。长江中游地区的协同发展能力居中，除武汉、长沙和南昌三个省会城市协同发展能力较高外，其余城市的协同发展能力并不突出，说明这一区域的协同能力受行政级别影响较大，处在非均衡发展阶段，中心对周边的"虹吸效应"大于"辐射效应"；此外，中游地区协同能力较高的城市呈现沿京广线和京九线带状分布的特征。长江上游地区的协同发展能力非常低，仅重庆、成都、昆明和贵阳的协同发展能力较为突出，区域内协同发展能力的空间差异较大，属于低水平发展地区。

二 长江经济带专题领域协同发展能力排行榜

为了更好地了解不同城市协同发展能力的优势和劣势，本报告进一步分析了各个城市在经济发展、科技创新、交流服务、生态保护等领域的协同能力。

(一) 长江经济带城市经济协同发展能力排行榜

表3-2给出了长江经济带城市经济协同发展能力前十和后十排行榜,从中可以发现2018年前十名城市的位次较2017年变动较小,前十名的城市没有发生改变,仅十个城市的位次发生了些许变化。其中,重庆退步两个名次,成都退步三个名次,杭州和宁波各提升一个名次,位列第3位和第7位,无锡提升三个名次,位列第4位。但后十名城市则发生较大变动,池州、安顺、雅安和张家界脱离后十名的行列,排序提升较大,分别跃居排行榜的第81位、97位、89位和63位,邵阳、毕节、保山和昭通跌入后十名的行列。值得一提的是,与2017年相比,2018年各城市的经济协同发展能力指数有所提升,前十名的平均指数由49.61提升至51.80,后十名的平均指数也由1.41提升至4.05,说明长江经济带的经济协同发展能力较2017年整体上有了一定的提高。其中,上海、苏州和杭州的经济协同发展能力最为突出。经济协同发展能力排名靠后的城市基本集中于西部偏远地区以及部分旅游城市。上海和重庆经济发展协同能力出众主要由于两个城市吸引了较多高等级对外协同联系功能要素(如银行、企业

总部）等。苏州则通过积极吸引外资等方式成功地带动了当地的经济总量和外资规模的增长，成为长江经济带内重要的经济中心。杭州、成都、武汉等省会城市和无锡、宁波等长三角传统经济发展的节点城市也都具有十分强大的经济协同发展能力。经济协同发展能力排名靠后的城市基本集中于西部偏远地区以及部分旅游城市。例如雅安、巴中等区位较差、经济较为落后的城市其经济协同发展能力较弱，丽江、张家界等部分旅游城市和矿业城市的经济协同发展能力也较差。

从空间分布来看，长江经济带内上、中、下游城市的经济协同发展能力存在比较明显的差异。高水平和中高水平城市集中分布在长江下游地区，是经济协同发展能力高值集聚区，存在上海一个全经济带的中心和苏州、杭州、南京、合肥等区域性中心。长江中游地区的经济协同发展能力居中，除武汉、长沙等省会城市经济协同发展能力较高外，其余城市的协同发展能力并不突出。长江上游地区的协同发展能力非常低，仅重庆、成都和昆明的协同发展能力较为突出，区域内经济协同发展能力的空间差异较大，属于低水平发展地区。

表 3-2 长江经济带城市经济协同发展能力前十和后十榜（2018年）

	前十名				后十名		
排名	城市	指数	位次变化	排名	城市	指数	位次变化
1	上海	100.00	0	101	广元	5.42	+1
2	苏州	64.00	0	102	邵阳	5.31	-36
3	杭州	56.92	+1	103	毕节	5.26	-8
4	无锡	47.66	+3	104	保山	4.75	-5
5	重庆	45.44	-2	105	普洱	4.74	-1
6	武汉	44.32	0	106	丽江	3.97	+4
7	宁波	42.34	+1	107	昭通	3.89	-10
8	成都	40.72	-3	108	铜仁	3.48	-3
9	南京	39.51	0	109	临沧	2.68	0
10	长沙	37.05	0	110	巴中	1.00	-4

（二）长江经济带城市科创协同发展能力排行榜

从长江经济带城市科创协同发展能力前十和后十排行榜来看，长江经济带城市科创协同发展能力前十和后十排行榜的变动也相对稳定（表3-3）。从表3-3中可以发现，尽管个别城市排行榜名次发生了变动，但上海、南京、武汉、成都和杭州等大学密集、创新资源丰富、创新型企业集聚的城市科技创新协同发展能力表现仍最为突出。苏州虽然大学数量较少，但是凭借对科技创新的巨额财政投入和对创新型企业的积极引进，在合作专利等领域已经取得不俗的成就，是长江经济带内新兴的科创中心。合肥、重庆和长沙结合自身传统的科创资源，同时通过打造合肥高新技术产业开发区、湖南湘江新区和重庆两江新区等"大众创业，万众创新"示范基地和合芜蚌等国家级自主创新试验区，在科技创新的协同发展领域也取得长足进展。无锡国家高新技术产业开发区作为全国先进高新区，是长江经济带重要的制造业基地，孕育出众多科技成果，有着雄厚的科创基础，成功跻身长江经济带科技创新协同发展能力前十强。南昌虽然在电子信息产业、光伏产业等方面的区位和空间上具有一定的比较优势，但却跌出前十强的行列，位居第14位。临沧、遂宁等城市无论是在创新资源基础、创新投入还是创新产出方面都表现较差。抚州、铜陵和鹰潭凭借较多的财政科技支出和较好的区位，在创新产出成果方面表现较好，成功脱离科技协同创新能力领域排名的后十位。鄂州、保山、张家界遗憾跌入排行榜后十名。

表3-3 长江经济带城市科创协同发展能力前十和后十榜（2018年）

前十名				后十名			
排名	城市	指数	位次变化	排名	城市	指数	位次变化
1	上海	100.00	0	101	鄂州	1.27	-5
2	南京	45.65	0	102	随州	1.25	+5
3	武汉	37.66	+1	103	保山	1.23	-3
4	成都	33.61	+1	104	广元	1.19	-3
5	杭州	26.57	+1	105	巴中	1.19	-1
6	苏州	26.15	-3	106	内江	1.17	-3
7	合肥	25.99	+2	107	遂宁	1.14	+3

续表

前十名				后十名			
排名	城市	指数	位次变化	排名	城市	指数	位次变化
8	重庆	22.29	−1	108	广安	1.12	0
9	长沙	19.44	−1	109	临沧	1.08	0
10	无锡	10.93	+2	110	张家界	1.00	−32

从空间分布来看，长江经济带内上、中、下游城市的科创协同发展能力存在比较明显的差异。高水平和中高水平城市集中分布在长江下游地区，是科创协同发展能力高值集聚区，存在上海一个龙头城市和南京、苏州、杭州、合肥等区域性中心城市。长江中游地区的科创协同发展能力居中，除武汉、长沙、南昌三个省会城市科创协同发展能力较高外，其余城市的科创协同发展能力并不突出。长江上游地区的科创协同发展能力非常低，仅重庆、成都、昆明和贵阳的科创协同发展能力较为突出，区域内科创协同发展能力的空间差异较大，属于低水平发展地区。

（三）长江经济带城市交流服务能力排行榜

表3-4给出了长江经济带城市交流服务能力前十位和后十位排行榜，相比于2017年，2018年度长江经济带城市交流服务能力排行榜前十位和后十位也都有一定的变动。上海、重庆、武汉、成都等区位重要、

基础设施完善的城市交流服务协同发展能力依然突出。不过，需要注意的是，武汉虽然在铁路运量方面遥遥领先，但是在航空运输方面表现平平，并且在湖北省内的首位度过高，有待提高其航空方面的短板并增强对腹地的辐射带动能力。南京、杭州、长沙等省会城市凭借在各自省内较高的集散能力和较高级别的基础设施配置，也位列长江经济带交流服务协同发展能力的前十强。苏州依赖在铁路运输方面的优势，具有较强的交流服务协同发展能力，超越成都由第9位跃升至第6位。昆明和贵阳由于地处边陲，虽然对东南亚地区的辐射带动能力较强，在航空运输方面的集散能力较强，但由于公路交通不发达，跌出前十位的行列。无锡和徐州凭借铁路运输的优势，成功跻身长江经济带交流服务协同发展能力的前十强。临沧、雅安等对外交通联系不便的城市在交流服务协同发展能力方面排名靠后。

表3-4　长江经济带城市交流服务能力前十和后十榜（2018年）

前十名				后十名		
排名	城市	指数	位次变化	排名	城市	指数	位次变化
1	上海	100.00	0	101	安顺	2.01	+3
2	南京	61.57	+4	102	张家界	1.86	-7
3	杭州	58.48	+2	103	景德镇	1.69	-4
4	重庆	52.67	0	104	巴中	1.69	-15

续表

前十名				后十名			
排名	城市	指数	位次变化	排名	城市	指数	位次变化
5	武汉	46.95	-2	105	攀枝花	1.61	-15
6	苏州	46.23	+3	106	昭通	1.44	-6
7	成都	43.51	-5	107	雅安	1.39	-2
8	长沙	39.18	+4	108	保山	1.23	-6
9	无锡	35.43	+5	109	临沧	1.13	+1
10	徐州	30.32	+9	110	普洱	1.00	-3

从空间分布来看，长江经济带内上、中、下游城市的交流服务能力存在比较明显的差异。高水平和中高水平城市集中分布在长江下游地区，是交流服务能力高值集聚区，存在上海、杭州、南京、宁波、苏州等区位重要、基础设施完善的区域性中心城市。长江中游地区的交流服务能力居中，除武汉、贵阳、长沙三个省会城市交流服务能力较高外，其余城市的交流服务能力并不突出。长江上游地区的交流服务能力非常低，仅重庆、成都、昆明和贵阳的交流服务能力较为突出，区域内交流服务能力的空间差异较大，属于低水平发展地区。

（四）长江经济带城市生态保护协同能力排行榜

表3-5给出了长江经济带城市生态保护协同能力前十位和后十位排行榜，相比于2017年，2018年度长

江经济带城市生态保护协同能力排行榜也相对稳定。宣城、抚州、黄山在城市生态保护协同能力上表现卓越，位居前三甲。其中宣城凭借较好的空气质量，生态保护协同能力提升巨大，由第11位跃升至第1位。丽江、镇江、巴中、资阳、舟山、鹰潭在生态保护协同能力领域处于相对稳定的领先水平，始终处于前十名的行列。其中，南通、巴中、资阳、镇江等城市凭借其环保投资及节能减排等方面的努力，为长江经济带的生态协同做出了重要贡献。这说明，镇江等低碳试点城市和生态文明先行示范区对于推动城市生态协同发展具有积极意义。而南京则跌出前十名的行列，跌至第62位，在生态协同发展能力上退步巨大。

在城市协同发展综合能力，以及经济协同能力、科创协同能力、交流服务能力等领域名列前茅的上海、南京、苏州、杭州、武汉、成都、重庆等城市在生态保护协同发展排行榜中仅位列中下游，但相较于2017年，这几个城市的生态协同指数实际上有较大的提升，尤其是成都、重庆已经脱离排行榜后十名的行列，进步较大，但这些经济较为发达的城市有巨额的环保固定投资，只是在污染物排放和能耗指标以及空气质量指标上表现平平，未来仍有望进一步提升。杭州仍未脱离后十名的行列，原因在于杭州的污染物排放指标在长江经济带城市中垫底，在浙江省2018年国家重点监控排污企业名单中，分布在杭州的高危污染企业数量位居全省之首，因而杭州在生态保护协同能力上表现最差，尽管杭州在环保固定投资上并不少。马鞍山等矿业城市在生态保护领域表现较差。尽管衢州和嘉兴位居长三角且经济发展水平不算太差，但是能耗和污染排放强度过高，亟待对地方产业结构进行调整、对落后产能进行关停淘汰。

表3-5　长江经济带城市生态协同发展能力前十和后十排行榜（2018）

前十名					后十名			
排名	城市	指数	位次变化	排名	城市	指数	位次变化
1	宣城	100.00	+10	101	黄石	15.51	-1
2	抚州	95.79	+2	102	保山	12.90	-5
3	黄山	89.58	-2	103	宜昌	11.77	-14
4	丽江	89.53	-2	104	荆州	11.29	-3
5	镇江	83.03	+5	105	淮南	8.35	-11
6	巴中	81.05	+2	106	杭州	7.21	+4
7	资阳	75.22	+2	107	衢州	7.00	-1
8	舟山	73.84	-1	108	马鞍山	5.79	-6
9	吉安	73.44	+5	109	绍兴	4.43	0
10	鹰潭	73.38	-5	110	鄂州	1.00	-12

从空间分布来看，长江经济带城市生态保护领域协同能力存在较大差异。协同发展水平较高的城市主要分为两类：一类是经济发展水平较高、能耗和污染排放较少的城市，以南京、武汉等为代表；另一类则

主要是经济发展水平不高、工业污染较少的城市，以黄山、丽江等为代表。而生态协同发展能力较差的城市多集中在那些能耗和污染严重的地区，包括能耗较高的攀枝花、娄底、安顺、马鞍山、衢州、六盘水、广元、新余、乐山、鄂州、雅安、黄石等城市，工业废水排放量较高的保山、临沧、普洱、毕节、淮南、宜宾、怀化、景德镇等城市，空气质量较差的襄阳、自贡、荆门、宜昌、荆州、徐州、宿迁、随州、淮北、泰州等城市。

这一生态协同发展水平格局充分显示了习近平总书记强调生态环境保护的重要性。目前，长江经济带内存在着从先进地区向欠发达地区产业转移的趋势，转移的产业往往是那些高耗能、高污染、面临淘汰的"夕阳产业"。本报告显示，那些本地生态环境较好的城市在能源节约和污染控制方面反而做得较差，因此向这些地区进行产业转移可能加剧当地的生态破坏，造成污染的区域扩散，并恶化长江经济带整体的生态环境。这也提醒我们，要采取以技术创新和产业升级推动生态保护的政策，而不是以限制发展为代价的保护，否则落后的发展水平会促使当地不计代价地推动经济增长，最终导致环境保护政策名存实亡。

（五）不同领域协同能力的相关关系

经济发展、科技创新、交流服务、生态保护四个专题领域的协同发展能力相辅相成，呈现显著的相关关系。但是，长江经济带城市不同专题领域协同能力相互关系表明（图3-2），经济发展与交流服务的相关性最显著，相关系数高达到0.92；其次是科技创新能力与交流服务能力以及经济发展能力，相关系数分别达到0.89和0.86；而生态保护能力与其他三个领域协同发展能力的相关性较弱且为负相关，相关系数只有-0.32（经济发展能力）、-0.20（科技创新能力）和-0.26（交流服务能力）。这说明，经济发展水平的提高和基础设施建设条件的改善不会自动带来生态改善，甚至会对生态保护能力带来微弱的负面影响，

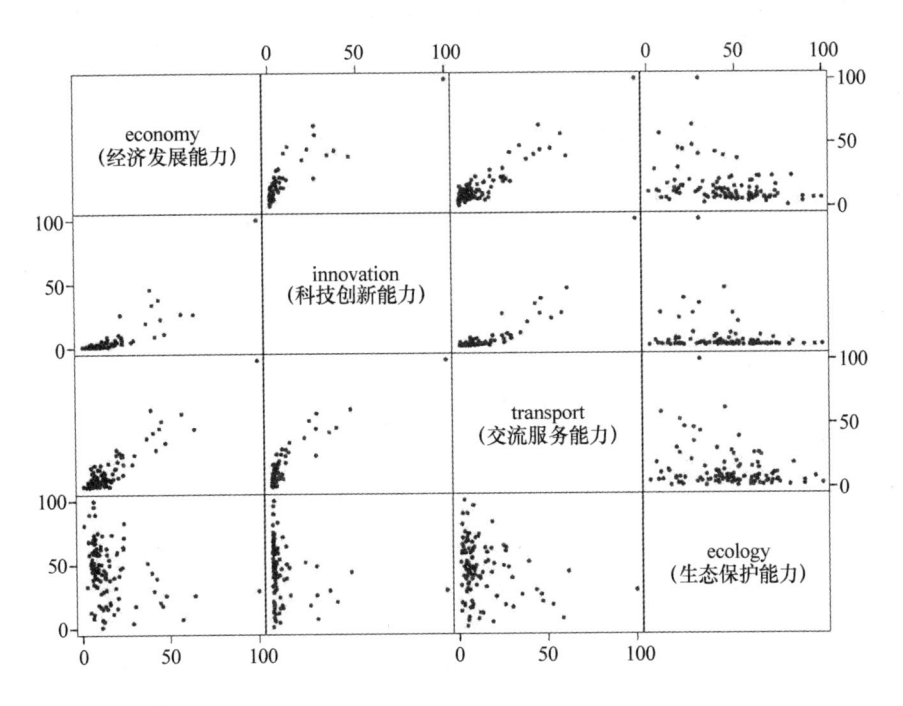

图3-2 长江经济带城市协同发展能力四个专题领域相关关系（2018年）

这期间需要政府出台相关的协同发展战略措施。科技创新虽然一般会促进节能减排，但是目前长江经济带内的科技创新显然仍以经济收益为主，对绿色技术的改进和推广仍待提高。

三 城市协同发展能力的空间关系分析

为了进一步考察长江经济带城市协同发展能力的空间关系，本节在前文长江经济带协同发展能力总指数和经济发展、科技创新、交流服务以及生态保护四个分指数排行榜的基础上，分别对长江经济带城市协同发展能力的空间集聚效应和空间异质性特征进行分析，进而按照城市流和城市相互联系的强弱将长江经济带城市群划分为三大一级城市群和八大二级城市子群，再分别对八个子群的城市协同发展能力进行分析和讨论。

（一）长江经济带城市协同发展能力空间集聚效应分析

空间集聚效应分析可以反映出城市群的一体化发展水平，因此，为考察长江经济带城市群的一体化发展水平，本部分应用空间计量的方法对长江经济带110个地级及以上城市协同发展能力的空间相关性进行分析。首先根据2018年长江经济带各地级及以上城市的协同发展能力指数计算出 Moran 指数，其中，空间权重矩阵根据各城市距离平方的倒数计算得到。Moran 指数可看作各地区城市协同发展能力的乘积和，取值范围介于 -1 至 1 之间：若其数值大于 0，则说明城市协同发展能力存在空间正自相关，即相邻区域之间城市协同发展能力具有相似属性，城市协同发展能力高的城市集聚在一起，发展水平低的城市集聚在一起，数值越大说明空间分布的正自相关性越强，集聚的强度也越强；若其数值小于 0，则说明城市协同发展能力存在空间负自相关，城市协同发展能力高的城市和城市协同发展能力低的城市集聚在一起，数值越小则说明各空间单元的离散性越大；若其数值为 0，则说明城市协同发展能力服从随机分布，地区间不存在相关关系。

表 3-6 给出了城市协同发展能力和经济协同发展能力、科创协同发展能力、交流服务协同能力以及生态保护协同能力的 Moran 检验结果。从中可以看出，长江经济带城市在科创协同发展领域不存在显著的空间相关性（P 值为 0.225），说明长江经济带各城市在科创协同发展能力水平上的空间集聚现象不显著。换言之，长江经济带各城市在科创协同发展能力水平上具有较好的一体化水平。Moran 检验结果还显示，长江经济带的城市协同发展能力以及经济协同发展能力、

交流服务协同能力、生态保护协同能力都有显著的正向空间相关性，但相关系数较小，分别为 0.105、0.219、0.088 和 0.093。换言之，长江经济带 110 个地级及以上城市协同发展能力以及经济协同发展能力、交流服务协同能力、生态保护协同能力在空间分布上并非处于完全随机的状况，而是某些地级市的相似值之间在空间上趋于集聚。再从相关系数上进行解读，显示长江经济带协同发展能力、经济协同发展能力、交流服务协同能力以及生态保护协同能力在空间上、区域上有轻微集聚的现象。

表 3-6 长江经济带城市协同发展能力 Moran 指数（2018 年）

	Moran's I	P 值
城市协同发展能力	0.105	0.003
经济协同发展能力	0.219	0.000
科创协同发展能力	0.019	0.225
交流服务协同能力	0.088	0.013
生态保护协同能力	0.093	0.013

注：使用的空间权重矩阵为各城市距离平方的倒数。

总体而言，从长江经济带的协同发展总指数上来看，其一体化水平较为明显，但仍有待进一步提高；再从四个分领域指数来看，长江经济带科创协同发展能力领域的一体化水平表现良好，而经济协同发展能力、交流服务协同能力和生态保护协同能力的一体化水平则仍有待进一步提高。

（二）长江经济带城市协同发展能力空间异质性分析

值得注意的是，全域 Moran 指数可以描绘经济变量整体的空间自相关性，但不能反映具体地区的空间依赖性，而局域 Moran 分析则可以提供各地区与相邻地区间的空间关系。在局域 Moran 分析中，一般是通过图形来展示不同地区的空间关系模式。具体而言，通过在二维平面上绘制局域 Moran 指数散点图，将各区域互联网金融发展指数分为 4 个象限的集群模式，用以清晰识别一个区域与邻近区域的空间关系。具体而言，第 1 象限为高—高组合，表示城市协同发展能力高的地区被同是高能力的地区包围；第 2 象限为低—高组合，表示城市协同发展能力低的地区被高能力地区包围；第 3 象限为低—低组合，表示城市协同发展能力低的地区被同是低能力的地区包围；第 4 象限为高—低组合，表示城市协同发展能力高的地区被低能力的地区包围。

为进一步分析长江经济带城市协同发展能力的空间集聚特征，本部分绘制出了长江经济带城市协同发展能力的局域 Moran 指数散点图（图 3-3）。Moran 指数散点图是根据某地区城市协同发展能力所属局部空间的集聚类型，将其划分为4个象限，分别对应于地区城市协同发展能力与邻近地区之间的四种类型的局部空间联系形式。

在长江经济带城市协同发展能力的局域 Moran 指数散点图中（图3-3），落在4个象限中的城市数量相当，说明在城市协同发展能力上，4种组合的城市集聚类别同时存在。落在第1象限的大部分都是东部沿海城市，如上海、南京、苏州、杭州、宁波、无锡等，属于"高—高"组合，这些城市本身协同发展能力高，周边城市协同发展能力也高，在城市协同发展能力排行榜中排名靠前，属于城市分类中的龙头城市和区域中心城市；落在第3象限的城市则恰恰相反，基本位于中西部地区，如荆门、乐山、保山、鄂州、黄冈、临沧等，属于"低—低"组合，这些城市本身协同发展能力低，周边城市协同发展能力也低，在城市协同发展能力排行榜中排名靠后，属于城市分类中的地方一般城市。第4象限城市多为中西部地区的区域中心城市，如成都、武汉、长沙、昆明、重庆、南昌、贵阳等，属于"高—低"组合，这些城市本身协同发展能力高，但周边城市协同发展能力一般，在城市协同发展能力排行榜中排名靠后，属于城市分类中的区域中心城市和区域重要城市；而第2象限又与此相反，多位于区域中心城市和区域重要城市的周边，如湘潭、德阳、马鞍山、孝感、衢州、六安等,属于"低—高"组合,这些城市周边的区域中心城市和区域重要城市协同发展能力高,但这些城市的协同发展能力却一般,在城市经济发展能力排行榜中排名居中。这也说明长江经济带城市协同发展能力在表现出一定的空间集聚特征之外,也有一定的空间异质性,空间集聚并不是绝对的、完全的。

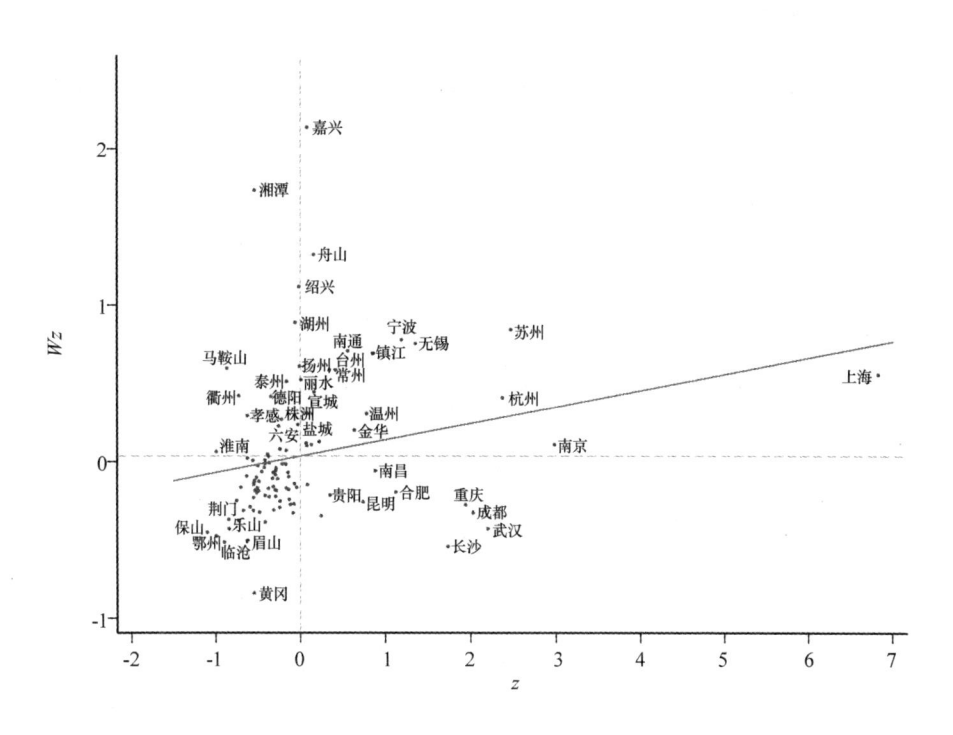

图3-3 长江经济带协同发展能力指数局部 Moran's I 散点图

(三) 长江经济带城市群的空间划分

前文的分析显示,长江经济带城市群虽然一体化水平发展较好,但在某些分领域的协同发展能力上也存在着一定的空间集聚性，尤其是在生态保护领域，为进一步分析长江经济带的空间集聚特征，本报告根据城市流、城市相互联系的强弱，大体将长江经济带划分为三大一级城市群和八大二级城市子群。三大一级城市群为长三角城市群、长江中游城市群和成渝城市群；八大二级城市子群为长三角城市子群、苏皖北部城市子群、皖南城市子群、武汉城市子群、南昌城市子群、长沙城市子群、成渝城市子群、贵昆城市子群。

其中长三角城市子群包括上海、苏州、杭州、南京、宁波等城市。长三角城市子群的协同发展水平在八大二级子群中最高，协同发展能力指数的平均得分达到27.27，比排在第二名的二级子群高出约16分（表3-7）；在经济、创新和交通领域，长三角子群也在八大二级子群中遥遥领先。不过，在该子群中，城市间协同指数水平的差异（标准差）也比较大，上海的协同指数比第二名苏州市高出近40分。当然，这种差异具有多中心特征，城市间的差异主要源自高水平协同发展中的分工互补，而非整体水平的绝对差异。

表3-7 长江经济带八大二级子群协同指数的均值和标准差（2018）

	城市协同发展能力指数均值	经济协同发展能力指数均值	科创协同发展能力指数均值	交流服务协同能力指数均值	生态保护协同能力指数均值
长三角子群	27.27	31.90	13.66	27.68	40.58

续表

	城市协同发展能力指数均值	经济协同发展能力指数均值	科创协同发展能力指数均值	交流服务协同能力指数均值	生态保护协同能力指数均值
苏皖北子群	10.91	10.33	2.95	8.93	43.18
皖南子群	11.56	10.12	4.59	7.57	46.99
南昌子群	14.00	10.40	2.33	10.15	60.58
武汉子群	9.82	12.35	5.27	9.99	25.71
长沙子群	12.76	11.79	3.17	11.29	46.32
成渝子群	12.88	12.21	4.59	8.91	48.12
贵昆子群	11.32	7.78	2.74	6.50	56.02

苏皖北子群包括徐州、淮北、宿迁、淮安等城市，该城市子群的协同发展水平均值接近11，在长江经济带八大二级子群中位列第七位。该子群以徐州、蚌埠为核心，子群内城市间的差异不大，标准差在八大子群中最低。因此，该子群总体上呈现中等发展水平的均衡发展格局。从细分领域来看，这一子群在经济发展、科技创新、交流服务和生态领域的协同发展水平均处于较为落后的位置。

皖南子群包括合肥、安庆、芜湖、马鞍山等城市。皖南子群的协同发展水平均值接近12，在长江经济带八大二级子群内位列第五位，处于长江经济带中下等水平。该子群以合肥为中心，子群内部各城市间协同发展能力指数的差异较大，为比较明显的单中心结构。从细分领域来看，皖南子群各个领域的发展比较均衡，没有非常突出的领域，但是也不存在明显的短板。

南昌子群包括南昌、赣州、九江、抚州、吉安等市。南昌子群的协同发展水平在长江经济带八大二级子群中位列第二位，处于长江经济带的中上等水平。南昌、九江、宜春等城市的协同发展水平在子群内排名较高，但是突出的领域各有千秋，呈现多中心错位发展的格局。具体而言，南昌在子群内以生态协同水平最高，居八大二级子群生态协同能力之首，但是在科创领域表现却比较差，处于八大二级子群最后一位。宜春、吉安、鹰潭和抚州虽然在经济和创新等领域的对外协同能力不具优势，但是在生态领域的协同能力表现突出；九江和赣州各个领域发展较为均衡，缺乏特长，但是也没有明显的短板。

武汉子群包括武汉、黄石、荆州、孝感、鄂州等城市。武汉子群的协同能力均值仅为9.82，在长江经济带八大二级子群中居于末位，处于长江经济带的下等水平。但是，该子群内的区域发展差异很大，除武汉一枝独秀外，其他城市的协同发展水平较为接近，且与武汉的差距较大。这也说明，中心城市独大的区域其整体的协同发展能力水平会有所限制。从各细分领域来看，武汉子群在科技创新和交流服务领域的协同发展水平突出，呈现单中心、专业化发展的发展格局。

长沙子群包括长沙、株洲、湘潭、岳阳、娄底等市。长沙子群的协同发展能力均值不到13，在长江经济带八大二级子群中排第四位，在长江经济带内处于中等水平。长沙子群内部各城市间呈现错位发展的格局。从细分领域看，长沙在经济发展和科技创新领域的协同水平较高，常德、益阳在生态领域的协同水平较高，衡阳、岳阳和株洲则在交通领域的协同水平相对较为突出。

成渝子群包括成都、重庆、绵阳、宜宾、德阳等市。成渝子群的协同发展能力均值接近13，在长江经济带八大二级子群中排第三位，处于中上等发展水平。该子群内的空间差异较大，成都、重庆两大城市构成双核，但其他城市与这两座城市的差距很大。从细分领域来看，成渝子群的经济发展领域突出；不同城市呈现错位发展态势，成都、重庆在经济、创新和交通领域都具有很高的综合实力，而绵阳、雅安的科技创新相对突出，资阳和南充的生态协同水平更为突出。

贵昆子群包括贵阳、昆明、遵义、玉溪、丽江等市。贵昆子群的协同发展能力均值为11.32，在长江经济带内位居第六位，处于中下等发展水平。在生态发展水平领域，具有一定优势。从区域发展差异看，呈现明显的以昆明为中心的极核发展结构。从单项得分看，贵昆子群在生态领域排行靠前，居第二位，而在经济协同领域、科创协同领域和交流协同领域则均居最末位。昆明在经济和交通领域具有综合优势，而贵阳、遵义和丽江在生态领域更为突出。其他城市在各个领域的协同发展水平都很低。

第四章 促进长江经济带城市协同发展的政策建议

一 强化统一组织领导,建立权威、高效的顶层协调机制

长江经济带是流域型经济带,是地跨不同发展阶段地区的巨型经济带,是工业化、城市化、现代化快速推进的发展型经济带。促进长江经济带城市协同发展,需要进一步加强统一组织领导,强化顶层设计。

建立由国务院统一领导,发展改革委、生态环境部、自然资源部、水利部、交通运输部、农业部等部门和流域内11省(市)参加的权威、高效的顶层协调机制。在各部门现有职能分工基础上,强化部门间、区域间涉水事务统筹协调,协同解决流域性的水环境保护、水生态修复、水资源开发、岸线资源利用等重大问题。

本着"优化职能配置、深化转职能、转方式、转作用，提高效能效率"的精神，尤其是长江流域综合治理与保护本身是长江经济带协同发展的基本前提和首要目标，加之目前长江经济带发展领导小组高效运行，省际协商合作机制全面建立，建议依托推动长江经济带发展领导小组，拓展领导小组对长江流域综合治理的领导职能，对长江流域综合治理形成最高统领权力。建议在国家发展改革委设立长江流域综合治理协调办公室（长江综治办）作为流域顶层协调机制的常设执行机构，负责协调生态环境部、自然资源部、水利部、交通运输部、农业部等部门和流域内11省（市）在长江涉水事务的统一规划、统一监测、统一调度和统一执法。具体而言，长江流域顶层协调机制的核心职能包括以下四项。

其一，负责流域综合保护的顶层设计（规划）。按照全流域管理理念，本着增强流域管理的综合性、权威性和协调性的宗旨，建议由生态环境部具体负责长江流域综合保护"空间规划"编制的组织工作，长江流域综合治理协调办公室负责组织、协调中央各部门和流域11省（市）共同参与长江流域空间规划、行动计划等顶层设计的制定。各主要长江涉水管理部门组织编制的各类专项规划和行业规划，必须以流域综合保护空间规划为基准。

其二，负责流域综合保护重大问题的高位决策和统筹协调。一是负责组织研究、决策流域管理中的重大问题，对涉及长江全流域综合保护的重大问题具有最终决定权，实行权威领导和高位决策。二是协调长江沿岸各省市间行政分割与利益冲突，着力解决上下游、左右岸、干支流协调发展的相关重要问题。

其三，负责协调、裁决和监督各部门的交叉、重叠职责。新一轮国务院机构改革后，各部门权、责、利关系更趋明确和优化，但长江主要涉水部门间的交叉、重叠职责仍难以完全避免，长江流域综合治理协调办公室负责对这些交叉、重叠职责及纠纷进行协调、裁决和监督，确保生态环境部门对流域水环境生态进行统一监管，强化水利部门对流域水资源进行统一调度的同时，首先必须确保生态用水。

其四，负责流域资源使用权、生态补偿基准的初始配置。资源使用权和生态补偿基准的初始配置是流域内资源使用权交易和横向生态补偿的基础。负责组织长江水资源及岸线资源、水环境、水生态等领域的勘测、调研与确权，进行权利总量的调查与测度，并合理分配到上中下游各省份。水资源和岸线资源开发利用方面的工作由自然资源部提供支撑；生态环保方面的工作由生态环境部提供支撑。

二 加快出台《长江保护法》,推进长江保护法制进程

流域立法或流域公约是现代国际流域管理的一般性规律和重要实践经验。长江经济带涉及9省2市,长江流域则地跨东、中、西19个省级行政区,流域、区域差异大且矛盾突出;从"条条"上讲,长江所涉及的水利、防洪、环保、农业、水电、航运等问题,有直接管辖权的中央部委10余个,权、利关系复杂。因此,只有加快长江保护的法治化进程,制定《长江保护法》,才能为长江水污染治理、水资源配置、水生态保护以及水土保持等重大问题提供法律保障,才能处理好流域管理、流域内19个行政区域管理和长江经济带协同发展的相互关系,促进整个流域经济社会协调发展。

目前长江生态环境问题突出,除了执法不严外,更深层原因在于:一是现存法制环境不健全导致历史环境问题累积;二是由于立法分割、专门法律间衔接和协调不足造成的法律盲点;三是体制机制不顺造成的无权管、不愿管以及监管尺度和标准不统一。因此,鉴于长江的重要性、特殊性和复杂性,《长江保护法》的制定需要以现实环境问题和现存立法问题为导向,

要体现"综合法""特别法""流域法"的法律属性。

《长江保护法》作为一部跨流域、涉及多部门的综合性法律，必须坚持问题导向，充分汲取国外河川和流域立法的经验，针对流域管理的综合性和特殊性，创设统一的流域综合管理法规，从全流域的高度统筹开发、利用、保护，从根本上解决长江流域综合管理中存在的流域水资源利用、水污染防治割裂，水工程管理与水量调度困难，水道、航道交叉管理等问题和矛盾，通过公法、私法及各部门法律制度的功能协同，平衡长江流域上下游、左右岸、江湖关系等利益主体之间的利益冲突。

三 建立长江生态保护基金，利用市场机制助推生态环境协同保护

随着工业化和城镇化的快速推进，长江生态环境保护形势更为严峻，一是区域开发已接近资源环境承载上限，生态功能整体退化威胁生态安全格局；二是粗放发展导致资源环境约束日益趋紧，区域性、累积性、复合型环境问题愈加突出；三是环境质量和环境风险隐患挑战人居环境和经济安全。因此，坚持生态优先，把修复长江生态环境摆在压倒性位置是长江经济带战略实施的根本指针。

近年来，随着中央与地方、省际、城际合作机制的稳步推进，适应全流域完整性管理要求，统分结合、整体联动的生态环境协同保护工作机制逐步建立，在此背景下，设立长江生态环境保护基金，建立稳定的投入保障机制，并充分利用各类市场机制助推流域生态环境的协同保护与治理，具有重大现实意义。

一是设立长江生态环境保护基金，用于长江生态环境保护与修复。该基金由推进长江经济带协同发展领导小组牵头，国家相关部委组织出资设立千亿级母基金，长江经济带沿线11省市分别设立子基金，由长江开发利用的大型水电、航运、旅游等行业企业、社保基金、保险公司、投资机构和NGO及环保人士等共同参与，建立政府、企业和社会资本共同出资，按市场化模式运作。

二是在财政转移支付的基础上，加快建设市场化、多元化的流域生态补偿机制，建立生态环境硬约束。为此需要科学开展长江上中下游水环境权利的初始配置、科学设计水环境权利的议定机制和定价方法，考虑到权利的技术可测度性以及权利交易主体的明晰化，11个省份之间的补偿定价机制，尽可能在毗邻省份之间进行，即实现相邻"省对省"的定价交易模式等。借鉴国际上定价规则，开发一套基于水环境损益的合理定价方法。遵循"按损害定价"原则，测度省界水质污染的程度，换算成相应的经济社会损失金额，进行年度定价。

三是完善水环境污染测度与信息共享支撑体系。由国务院发起，长江经济带11省（市）联合成立水环境污染监测与数据共享平台，对长江干流和主要支流覆盖的各个省界断面的水质进行定期（至少分年度）检验和检测，探寻相应的污染定损计量方法，估测污染损害的经济损益（外部成本），并实现在数据共享系统中的信息共享，作为水环境权利的市场化再配置的信息支撑。对于这一信息平台的构建，未来也可以引入第三方（环境监测专业机构）。

四 发挥核心城市引领作用，依托城市群协同带动流域协同发展

一方面要发挥核心城市的引领带动作用。长江经济带城市协同发展能力差异较为悬殊，突出龙头城市、区域中心城市和区域重要城市的核心地位，发挥核心城市的辐射带动作用，做好各类城市的功能协同是提升长江经济带整体协同发展的重要举措。就协同发展能力来说，长江经济带内的龙头城市、区域中心城市、区域重要城市等不同等级的城市，应充分把握好自己的区位条件，发挥自身优势，提高对周边的辐射和服

务能力。

龙头城市作为经济带的管理中心，经济集中程度高、规模大、实力强，社会分工发达、产业体系完整，科技力量雄厚、人口素质高，具有极强的综合服务能力。上海作为域内唯一的龙头城市，一方面，应充分利用上海的门户优势，加快国际经济、金融、航运、贸易以及全球科创中心建设步伐，不断提升自身实力，推动长三角区域一体化国家战略。另一方面，加强与长三角城市群其他城市的深入联系，优化提升沪宁合（上海—南京—苏州—合肥）、沪杭（上海—杭州）主轴带功能，培育壮大沿江、沿海等发展轴带，加快市场流通技术和模式创新，提高长三角区域市场流通现代化水平。

区域中心城市是区域经济发展的增长极、国家经济的重要支撑点和参与世界经济竞争的主要节点。其经济辐射和服务能力虽然不如龙头城市，但也在区域城市群内发挥着主导作用。因此，区域中心城市应加大开发开放力度，健全以先进制造业、战略性新兴产业、现代服务业为主的产业体系，提升要素集聚、科技创新、高端服务能力，发挥规模效应和带动效应。

区域重要城市在长江经济带各大城市群中扮演着承上启下的角色，这些城市主要为省会城市和重要交通枢纽城市，一方面，它们凭借着突出的行政和区域地位，与区域中心城市甚至龙头城市的联系比较密切，借此可以学习它们优秀的发展经验，以助力自身发展实现突破。另一方面，在辐射和服务周边中小城镇的过程中，进一步深入加强了彼此之间的联系，巩固了自身在该区域的地位，并推动区域整体的进步。总而言之，区域重要节点城市要不断完善城市功能，壮大经济实力，加强协作对接，实现集约发展、联动发展、互补发展，从而实现所在区域的健康可持续的发展。

另一方面，依托城市群协同带动全流域协同。沿江三大城市群在中国新型城镇化战略格局中占据重要地位，也是长江经济带城市协同发展的战略支点。依托城市群协同带动全流域协同是长江经济带协同发展的重要战略。沿江三大城市群在各自发展过程中需要结合所在的区位条件、资源禀赋、经济基础、战略使命，在长江经济带高质量发展"一盘棋"中确立差异化协同发展的新目标，制定差异化协同发展的新举措；相应的各大中小城市在明确自我发展定位和方向时更要立足整个城市群的发展定位和方向，找到自己错位发展的重点方向，避免同质化过度竞争。

一是探索建设城市群协同发展的协调机制。借鉴长三角更高质量一体化实践经验，建立长江经济带城市群联席会议制度，对重大问题进行协商，确定分工协作的重点任务。在长三角区域合作办公室的基础上，建立涵盖中游城市群、成渝城市群的长江经济带城市群合作办公室，负责具体的落实检查工作。二是通过具体领域的政策创新促进城市群协同发展。如涵盖三大城市群的长江经济带航运联盟、金融租赁服务长江经济带战略联盟等。三是贯彻落实分工协作的领导责任制。推动长江经济带发展领导小组负责统一指导长江经济带发展战略的实施，负责统筹协调跨地区跨部门重大事项，负责督促检查重要工作落实情况，尤其是加强重点任务和重大政策的责任、压力、考核等环节的工作力度。切实提高中央各有关部门主观能动性，大幅度增加长江经济带生态环境保护投入的中央专项安排规模，提高资金使用效率。金融部门要切实加大政策性金融和开发性金融机构的支持力度。强化沿江11省市党委和政府工作专班建设，确保工作落实到位并能结合本地实际采取分门别类的精细化政策。

五 建立基于创新链、产业链、价值链耦合的流域现代化经济体系

超越单纯的产业梯度转移，在促进各城市创新创业发展的同时，需要从全流域角度进行创新链、产业链、价值链的耦合，构建流域现代化经济体系。促进流域内开发区合作是一个简便易行的突破口。

一是发挥国家自主创新示范区网络的引领作用。国家自主创新示范区着力实施创新引领战略，到2020年实现技术创新领先、产业领先、经济和社会发展领先、体制机制创新领先的建设目标，成为世界一流的高科技园区，对其他国家高新区和区域经济社会的发展做出引领和示范。在19个国家自主创新示范区中，长江经济带现有上海张江、苏南、杭州、合芜蚌、宁波、武汉东湖、成都7个。新时期长江经济带要进一步强化这7个国家自主创新示范区之间的联系和互动，打造流域国家自主创新示范区网络，并充分发挥其集群示范与带动效应，推动长江经济带内其他高新区和区域经济社会的率先发展、高质量一体化发展。

二是构建从松散到紧密的渐进式园区合作过程。园区合作不是一蹴而就的，漕河泾新兴技术开发区"走出去"的实践中取得了较大成功，其基本经验可以总结成四种合作模式，分别是理念互动、项目对接、品牌输出和资本合作。这四种模式其实是一个从松散到紧密的渐进式合作过程，这比较符合园区合作的一般规律。

三是提高园区合作层次。园区合作会涉及不同行政区划内多个合作主体之间的利益，各主体往往从自身的利益出发考虑问题，这往往导致园区合作难以开展、推进，这时候就需要更高层次的组织来协调多方利益诉求。如沪—盐已基本建立起高层沟通交流机制，通过高层互访、定期会商、信息互通、活动促进，达成重要共识，解决关键问题，这使得沪—盐合作取得了实质性的进展。

四是充分发挥园区联盟、协会和商会等中介组织的作用。中介组织在园区合作过程起到十分重要的作用。2017年1月10日，长江经济带国家级经开区协同发展联盟成立。园区联盟、协会和商会等中介组织必须要建立一套完善的奖惩运作机制，同时设立专项基金，对加入园区联盟、协会和商会等中介组织给予各种帮扶和奖励。

六 强化协同发展的评估与监督，增强协同战略决策的科学性

组建长江经济带研究科学共同体，建立长江经济带研究数据平台和综合服务中心，强化城市协同能力和经济带协同发展状态的科学研究、评价与监督，增强区域协同战略决策的科学性，是长江经济带向更高质量协同发展迈进的重要战略保障。

一是要加强长江经济带城市协同发展能力的评估和评价。建议由推进长江经济带协同发展领导小组及其办公室牵头，委托研究实力强、前期基础研究扎实

的高校、科研院所，进行长江经济带城市协同发展能力、长江经济带协同发展指数等关键领域的第三方评估与评价，统一发布年度指数或年度报告，追踪长江经济带协同发展变动情况与特征，为长江经济带协同发展战略目标、战略部署和政策安排提供科学依据。

二是启动长江生态环境数据库建设。生态环境保护是长江经济带协同发展的首要任务，长江生态环境数据库建设及其开发利用，是长江保护决策的重要科学基础。德国、日本等国家区域发展实践表明，环境治理、生态保护、风险防范等工作的成败在很大程度上取决于环保信息的搜集、处理、发布与应用转化。因此，应该完善、开发利用现有环境保护部中国环境监测总站、环境工程评估中心、环境与经济政策研究中心的潜在功能，建设覆盖全领域的关键生态样点、断面、剖面组成的观测网络，在武汉或上海建立长江经济带环境保护信息中心。充分利用长江流域生态环境类国家重点实验室、省部级重点实验室的科技人员优势和强大的分析能力，为长江经济带生态风险，特别是重大生态环境灾害提供及时的预报、预警服务及其防范方案。

三是创设"长江经济带研究会"，推进长江经济带研究科学共同体发展。长江经济带研究科学共同体的发展是长江学研究和长江经济带建设的智力保障，科学、可信、充分的数据信息则是科学研究的基础，也是一切科学决策的前提。建议：第一，支持基础条件好、前期工作准备充分的高校、科研院所牵头创设"长江经济带研究会"（长研会），推动长江经济带研究科学共同体发展；第二，依托长研会，创设"长江经济带研究综合服务中心"，建设包含相关数据采集、文献资料搜集、信息管理的数据库，包含数据处理、专题地图、3S技术（遥感、定位、地理信息系统）的技术支撑系统；第三，发挥长江经济带综合服务中心的平台功能和示范效应，推动长江经济带专题资源的开放与共享。依托长江经济带研究综合服务中心，推动统计数据分析、地理信息分析、科研交流协作、科研数据分析、舆情分析等数据平台的共建与共享，为学术共同体的科学研究、政府部门的科学决策、社会舆论的实时引导、企业的有效参与提供可靠的数据和信息基础。

附录1　莱茵河流域与长江经济带城市协同发展能力比较

从已有的国际发展历史经验来看，现代工业化的发展基本遵循普遍的经济规律，即首先从沿海港口地区发展起来，后经内河航运沿岸地区逐渐得以发展。作为欧洲的第三大河，莱茵河发源于瑞士，途径奥地利、德国、法国等国家，在荷兰经过鹿特丹进入北海，是欧洲的"黄金水道"，具有发达的内河航运，高效的运输效率。莱茵河流域是世界内河流域经济发展水平较高的经济带，同时也是世界最早工业化的地区。从第二次工业革命开始，莱茵河流域形成了众多重要的工业区，同时沿岸有许多著名的城市，如波恩、克隆、法兰克福、杜伊斯堡、斯图加特、阿姆斯特丹、鹿特丹等。以河流为纽带，莱茵河形成了典型的流域经济，跨流域经济交流与合作十分密切。

与莱茵河相比，同样是"黄金水道"的长江作为中国第一长河、世界第三长河，流域面积广，横跨9省6市，是中国国土空间开发极其重要的东西轴线，在中国的区域发展格局中具有重要的战略地位。对于莱茵河流域与长江经济带两者的研究，更多的是在流域环境治理方面借鉴莱茵河流域的治理经验，但流域的发展不仅仅局限在经济发展与环境治理方面，还包括区域及城市之间各方面的互动协调发展。莱茵河流域的经济、科技、文化等方面较为繁荣，同时在经济、科技等方面莱茵河与长江流域在很多方面是相似的，因此可以从城市协同发展角度，对莱茵河流域与长江经济带进行比较，挖掘能够相互借鉴的发展经验，从而更好地提升城市协同发展能力。

一 空间结构：多中心 vs 单中心

为更好地体现两个流域的经济发展首位分布情况，分别计算了莱茵河流域与长江经济带的GDP两城市首位度（图A1-1）。莱茵河流域GDP首位城市法兰克福和长江经济带的首位城市上海相比，上海的两城市首位度要明显高于法兰克福，上海首位度高于1.5，而法兰克福首位度保持在1左右，与第二位城市的GDP相差无几。说明上海在长江经济带中的经济集聚效应明显高于莱茵河流域的法兰克福，上海在长江经济带中的龙头地位突出，有显著的绝对优势与影响力。

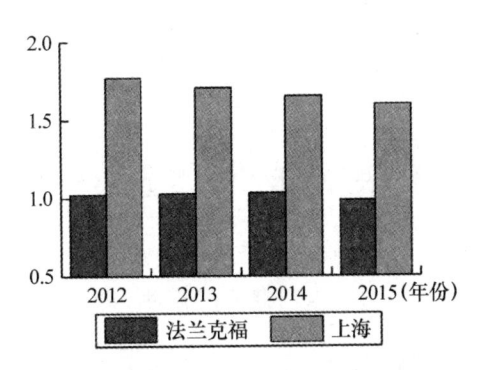

图 A1-1 莱茵河流域与长江经济带 GDP 两城市首位度

数据来源：欧盟统计局网站；2016 年《中国城市统计年鉴》。

进一步分析发现，在莱茵河流域的主要沿河城市中，德国的法兰克福与荷兰的阿姆斯特丹 GDP 较为接近，而其他城市如科隆、杜塞尔多夫、鹿特丹、卢森堡的 GDP 则与法兰克福以及阿姆斯特丹有较大的差距（图 A1-2），协同发展在空间上呈现多中心特征。在

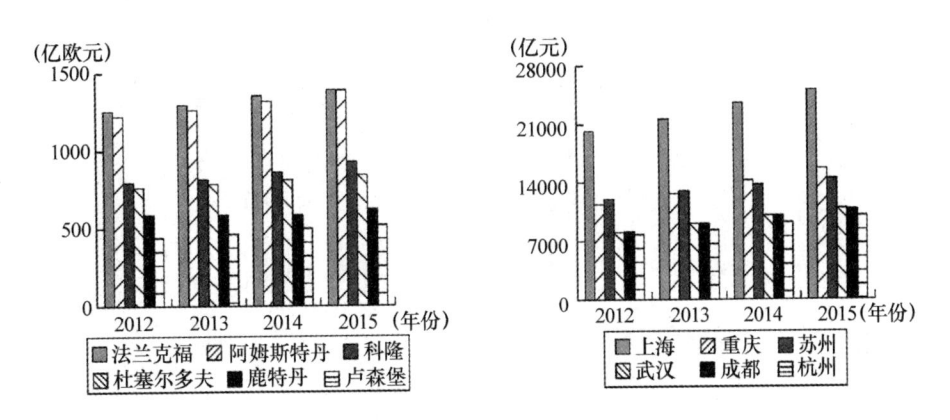

图 A1-2 莱茵河流域与长江经济带主要城市 GDP

数据来源：欧盟统计局网站；2016 年《中国城市统计年鉴》。

长江经济带的主要城市中，上海的 GDP 显著高于苏州、重庆、成都、武汉等区域中心城市，呈现单中心特征。

二 经济发展：发展质量 vs 规模增长

人均 GDP 是表征区域和城市发展质量的重要指标。图 A1-3 为莱茵河流域和长江经济带主要城市的人均 GDP。从人均 GDP 的绝对值上相比较，莱茵河流域主要城市的人均 GDP 明显高于长江经济带主要城市，说明莱茵河流域城市协同发展质量更高。长江经济带人均 GDP 较高的 6 个城市中有 5 个位于长江三角洲，在空间上相对集中，只有长沙位于长江中游，表明长江经济带经济协同发展不仅质量较低且东中西发展质量差距较大。而莱茵河流域中人均 GDP 较高的城

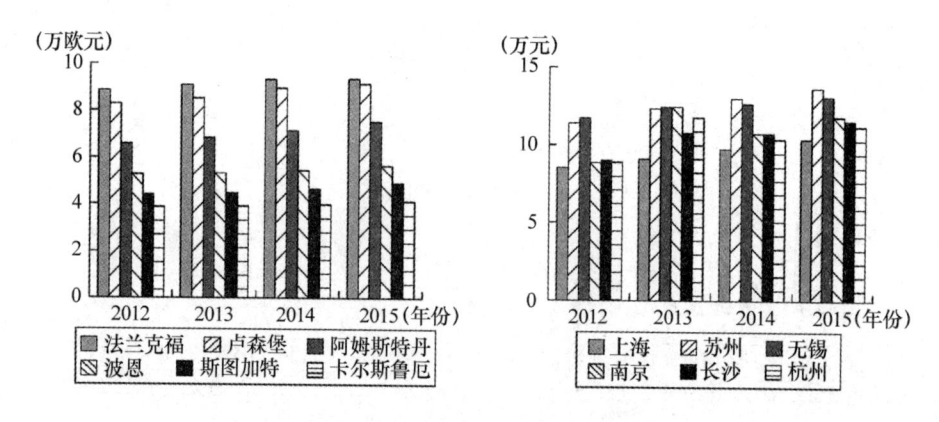

图 A1-3 莱茵河流域与长江经济带主要城市人均 GDP

数据来源：欧盟统计局网站；2016 年《中国城市统计年鉴》。

市在空间分布上相对较为均衡,在上中下游均有分布。未来长江经济带在发展质量上仍有较大的提升空间。

发展质量的差异也体现在科创资源的质量上。高等院校是促进区域转型升级的重要智力资源,是发展以高科技研发为主的产业的重要支撑。表A1－1分别列出了2018年莱茵河流域与长江经济带主要城市中世界排名前500的高校情况。

从绝对数量上看,长江经济带主要城市具有更多排名前500的高校。但考虑到各高校的排名情况,长江经济带主要城市约一半的高校排名居于300—500位,高校质量不高。莱茵河流域主要城市的高校排名更加靠前,高校质量更高,11所高校中有6所高校排名在100—200位。莱茵河流域和长江经济带中分别各有1所高校位列世界排名前100,是排名73位的鹿特丹伊拉斯姆斯大学和排名67位的浙江大学。未来长江经济带需要进一步提升高校质量。

表A1－1　2018年莱茵河流域与长江经济带内世界排名前500的高校情况

莱茵河流域城市	前500高校数及世界排名	长江经济带城市	前500高校数及世界排名
斯图加特	1个(第301—400名)	上海	2个(第101—150名) 2个(第301—400名) 2个(第401—500名)

续表

莱茵河流域城市	前500高校数及世界排名	长江经济带城市	前500高校数及世界排名
法兰克福	1个（第101—150名）	杭州	1个（第67名）
科隆	1个（第151—200名）	合肥	1个（第101—150名）
杜塞尔多夫	1个（第301—400名）	南京	1个（第151—200名） 1个（第201—300名） 1个（第301—400名） 4个（第401—500名）
波恩	1个（第101—150名）	苏州	1个（第201—300名）
卡尔斯鲁厄	1个（第201—300名）	武汉	1个（第151—200名） 1个（第201—300名） 1个（第301—400名） 2个（第401—500名）
美因茨	1个（第201—300名）	成都	1个（第151—200名） 1个（第201—300名）
阿姆斯特丹	2个（第101—150名）	长沙	1个（第201—300名）
鹿特丹	1个（第73名）	重庆	1个（第401—500名）
斯特拉斯堡	1个（第101—150名）		

数据来源：Shanghairanking 世界大学排名网站，www.shanghairanking.com，2018年10月20日。

三 交流服务：对外服务 vs 交通运输

长江经济带交通协同能力突出。从航空客运量和货运量来看，上海作为长江流域的单中心城市，其辐射带动作用远高于法兰克福在莱茵河流域的辐射带动作用。截至2017年，上海航空客运量达到9412万人，远高于法兰克福的6450万人。上海作为长江经济带的航空运输枢纽,其客运量和货运量都远高于长江经济带其他城市,具有显著的龙头带动作用。如图 A1-4 所示,上海航空客运量 2 城市首位度均大于 2,并且上海航空货运量的 2 城市首位度大于 3,而作为欧洲交通中心的法兰克福航空客运量和货运量的 2 城市首位度均较低。从上海港和鹿特丹港货物吞吐量比较来看,上海港的货物吞吐量远高于鹿特丹港,并且从 2004 年开始差距逐渐拉大(图 A1-5)。截至 2016 年,上海港与全球 214 个国家和地区的 500 多个港口建立了集装箱贸易往来,其中国际航线 80 多条,并且上海港 2010 年以来货物吞吐量连续八年保持世界第一。

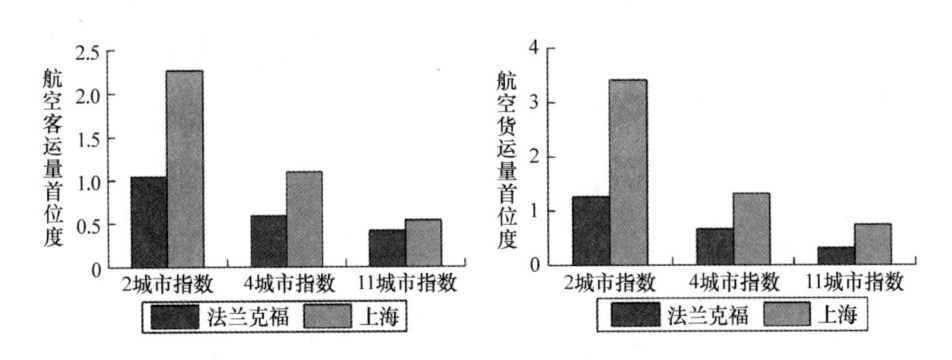

图 A1-4 上海与法兰克福航空客运量和货运量首位度比较

数据来源:欧盟统计局网站;2016 年《中国城市统计年鉴》。

莱茵河流域对外交流能力强于长江经济带。领事馆数量、常住外国人口、展览业水平以及外国游客接待量是体现城市对外交流能力的重要指标。上海共有

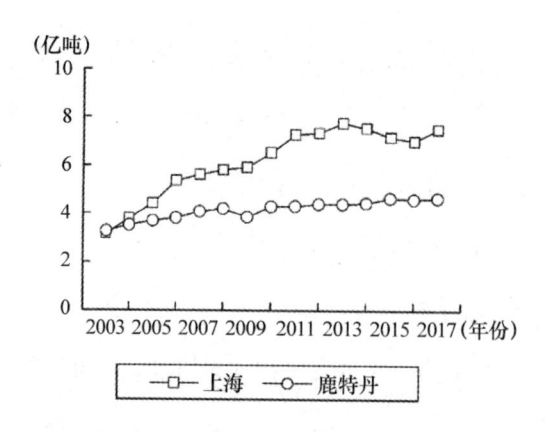

图 A1-5 上海港和鹿特丹港的货物吞吐量比较

数据来源：欧盟统计局网站；2016年《中国城市统计年鉴》。

72个不同国家的领事馆，但法兰克福的领事馆比上海多15家。另外，法兰克福常住人口中外国人占比也高于上海。德国官方数据显示，2017年约51.2%的法兰克福常住人口拥有移民背景，法兰克福已成为德国第一个常住人口为移民占多数的城市。截至2015年年底，在沪常住外国人约17万人，仅占上海常住人口的0.7%，其中包括4.1万长期留学生（6个月以上）。法兰克福是德国乃至全球展览业业绩最佳的城市之一，显著带动了城市经济增长，并且展览业已成为提升法兰克福城市竞争力的重要砝码。与法兰克福相比，上海的展馆面积、参展商数量、专业会展公司数量等硬件设施和软实力都有待提升。

四 生态治理：机构职责单一 vs 全流域协调

1950年，莱茵河流域的瑞士、卢森堡、德国、法国和荷兰成立了全流域的生态保护组织——保护莱茵河国际委员会，是莱茵河流域生态保护的全流域跨国综合性管理机构。保护莱茵河国际委员会的区域协同治理经验并不是一蹴而就的，而是在生态保护的过程中不断地完善。1963年签订的《伯尔尼条约》，使保护莱茵河国际委员会的行动和任务转为正式化和官方化，1999年签订《保护莱茵河公约》使非政府组织在莱茵河生态保护中开始发挥重要作用，2001年制定的"莱茵河2020"通过一系列政策工具将生态保护的理念、实施机制向农业、工业、个体等主体推广，并使生态保护的措施向精细化方向推进。莱茵河沿岸国家和保护莱茵河国际委员会之间持续且不断改善的组织间、区域间协调能力对莱茵河生态的修复和改善具有决定性作用，保护莱茵河国际委员会的扁平化、弹性化治理结构虽然难以从根本上消除不同利益主体间的争议与分歧，但能够最大程度上使不同利益主体利用可选择的政策工具实行莱茵河水质改善和生态恢复。

现阶段，有若干个与长江流域生态相关的管理机构,但是由于分属于不同部委,每个管理机构的职责较为单一,大多只承担渔政、水保护、通信、交通安全等领域中的部分职责(表A1-2),管理方法和手段还不是很完善,没有哪个管理机构能够承担起对长江进行生态综合保护与管理的职责。

表A1-2　　　　　　长江流域主要跨区域管理机构

部门名称	成立时间	主要职责
长江水利委员会	1950	保障流域水资源的合理开发利用;流域水资源的管理和监督,统筹协调流域生活、生产和生态用水;负责流域水资源保护工作
长江航道局	1957	长江干线航道规划、建设、养护、运行等工作
长江流域水资源保护局	1976	负责流域水资源保护工作;组织拟订跨省(自治区、直辖市)江河湖泊的水功能区划并监督实施;负责省界水体水环境质量监测;指导协调流域饮用水水源保护工作
长江通信管理局	1984	长江中下游干线水上安全通信的行政管理和保障工作
长江航务管理局	1984	负责长江干线航运行政管理、航运市场宏观调控及监督管理和规范长江干线水运建设市场,以及长江干线港航设施建设和使用岸线布局的行业管理
长江海事局	1999	保障水上交通安全、保护水上环境清洁、保护船员整体利益、维护国家海上主权
长江工程建设局	2003	长江流域规划中中央投资公益性水利工程建设项目的建设管理工作
长江流域渔政监督管理办公室	2014	负责黄河流域以南相关流域、重要水域和边境水域的渔政管理、水生生物资源养护等工作

数据来源:各机构官方网站。

此外,长江沿江地区还有11个省市的几十个地方政府和地方环境管理机构,这些管理机构在水、岸地、生物等资源类型的开发利用与生态环境管理目标上存在冲突，现有的管理法规在地区之间和部门之间的协调性还不完善，使得流域性综合管理措施难以有效地实施。可以参考保护莱茵河国际委员会，成立保护长江委员会在长江流域的尺度上统筹生态保护与修复工作，或成立长江经济带生态保护基金，统筹沿江各省市生态保护资金，协调流域内各方利益。

通过莱茵河流域和长江经济带城市协同能力的比较发现，莱茵河流域的协同发展呈现多中心、高质量、高效率发展特征，城市协同能力较为均衡，而长江经济带的协同发展呈现单中心发展特征，中心城市的辐射带动作用大，但协同质量和效率相对较低。未来长江经济带应进一步注重高质量内涵式协同发展。

附录2　长江经济带城市协同发展能力时空演变特征分析

区域协同发展，对长江经济带发展具有重大意义。长江经济带城市的协同发展一直是政府及社会所关注的重大区域发展课题，长江经济带城市整体协同能力的提升对整个经济带各城市的发展有着至关重要的意义。在2018年4月26日召开的深入推动长江经济带发展座谈会上，习近平总书记强调，新形势下推动长江经济带发展，关键是要正确把握整体推进和重点突破、生态环境保护和经济发展、总体谋划和久久为功、破除旧动能和培育新动能、自我发展和协同发展的关系。探究长江经济带协同发展的时空变化，能为城市精准定位，区域可持续发展把脉。随着长江经济带协同发展的不断推进，其建设取得哪些成效？其发展的过程中存在哪些问题？其未来发展面临哪些难题？各个城市应如何精准定位自身发展，城市间应如何更好的合作协调？对这些问题的深入探析，能很好的为继续深入推进经济带协同发展提供证据和参考。

通过对比2015—2018年长江经济带城市协同发展能力指数，能够很好地展示近些年长江经济带协同发展的建设情况。报告从指数在时间变化和空间分异两个方面的具体表征，展现近些年长江经济带协同发展的变化特征，同时探讨协同能力时空演变背后蕴藏的深层原因并总结出现的问题，进而提出未来长江经济带城市协同发展的趋势及建设的重点。

一 长江经济带城市协同发展能力时间变化特征分析

长江经济带城市协同发展能力逐渐增强的趋势明显。为更好地展示协同能力变化情况，报告绘制2015—2018年长江经济带城市协同发展能力均值变化趋势图（见图A2-1）。可以看出，长江经济带城市协同发展能力指数得分整体上呈现上升趋势，这表明近些年来长江经济带各城市协同发展能力总体向好的方向发展，国家、地方政府及社会各界针对长江经济带城市协同发展所做的工作成绩凸显。

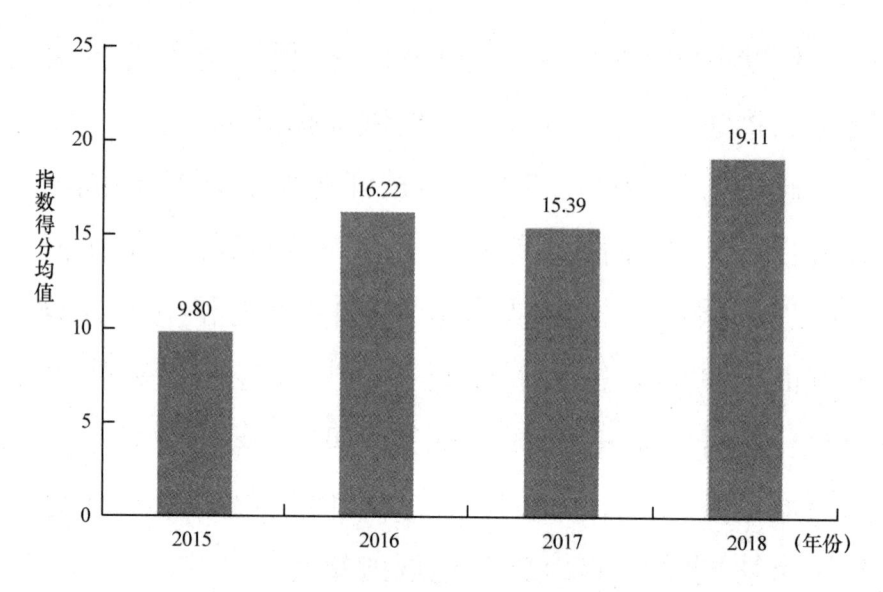

图 A2－1　2015—2018 年长江经济带城市协同发展能力指数变化趋势

长江经济带城市协同发展能力仍需进一步提升。指数得分均值变化显示，长江经济带城市协同发展能力均值得分虽然由 2015 年的 9.80 分上升到 2018 年的 19.11 分，但得分值依旧较小，可见长江经济带城市协同发展能力整体水平依旧偏低，未来还需进一步加强各城市之间的协同，促进整体协同发展能力进一步提升。

排名靠前的城市排序变化不大，靠后的城市排序变化明显。为进一步分析各城市协同发展能力的变化，将 2015 年及 2018 年长江经济带城市协同发展能力总排名前十位及后十位的城市进行统计（见表 A2－1、表 A2－2）。由表 A2－1 可知，与 2015 年相比 2018 年排名前十位的城市整体得分更高，排名前十位城市的协同发展能力更强,到2018年除宁波和无锡两城市外,其他城市协同发展能力依旧处于前十位,上海依旧处于第一位,南京与重庆分别由第7、第6位上升到第2、第3位,合肥与南昌两城市协同发展能力排名进入前十。这几个排名上升的城市不仅在科创等方面得分较高,在生态发展能力方面的得分也相对突出。

表A2-1　2015、2018年长江经济带城市协同发展能力前十榜

2015年			2018年		
城市	总得分	排名	城市	总得分	排名
上海	100.00	1	上海	100.00	1
苏州	51.50	2	南京	58.02	2
武汉	47.89	3	重庆	46.81	3
杭州	45.47	4	苏州	46.76	4
成都	44.77	5	武汉	46.16	5
重庆	42.22	6	杭州	45.62	6
南京	38.68	7	成都	45.22	7
宁波	35.42	8	长沙	44.30	8
无锡	34.27	9	合肥	38.00	9
长沙	27.35	10	南昌	35.12	10

由表A2-2可知,到2018年,排名后十位的城市协同发展能力的整体得分有所提升,但排名变化较大。保山市跌至最后一名,而其他原本排名后十位的城市排名全部上升,不再属于后十位。伴随国家对生态发展重视程度的不断加强,原本依靠自然资源禀赋、发

展方式粗放的城市在协调发展能力方面表现出弱势，被其他城市赶超。

表 A2-2　2015 年、2018 年长江经济带城市协同发展能力后十榜

2015 年			2018 年		
城市	总得分	排名	城市	总得分	排名
保山	1.73	101	黄石	5.04	101
广安	1.65	102	荆州	4.65	102
普洱	1.56	103	淮南	4.44	103
资阳	1.53	104	娄底	4.36	104
安顺	1.41	105	马鞍山	4.22	105
巴中	1.13	106	鄂州	4.03	106
临沧	1.13	107	荆门	3.78	107
毕节	1.11	108	乐山	2.84	108
昭通	1.02	109	衢州	1.66	109
铜仁	1.00	110	保山	1.00	110

二　长江经济带城市协同发展能力空间演变特征分析

报告运用 Arcgis10.2 软件，分别对 2015 年及 2018 年长江经济带各城市协同发展能力指数得分数值分布进行可视化表示（见图 A2-2、图 A2-3），依据 2015 年协同发展指数得分数值的自然断裂点进行分类，共划分为五类，其中自然断裂点取整数。从图中可以看出。

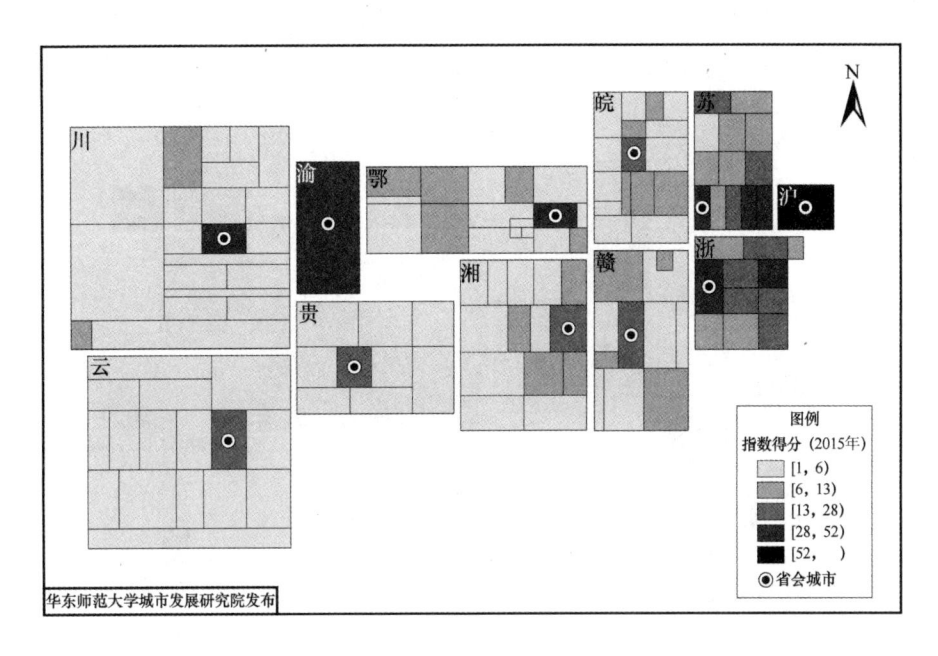

图 A2-2　2015 年长江经济带各城市协同发展能力指数得分数值分布

第一，长江经济带各城市协同发展能力整体提升明显。2015年，长江经济带大多数城市协同发展能力指数得分较低，得分处于［1，6）区间的城市数量最多，其次是得分处于［6，13）范围的城市。尤其是中部和西部地区，除成都、重庆、武汉、昆明、贵阳、长沙、南昌等城市外，其余城市指数得分均属于这两个区间，说明2015年长江经济带整体上各城市的协同发展能力指数得分偏低。到2018年，长江经济带各城市得分普遍有所提升，除临沧、黄石、荆州、淮南、娄底、马鞍山、鄂州、荆门、乐山、衢州、保山几个城市外，其他所有城市总分都超过6分，总分大于28的城市数量明显增多。

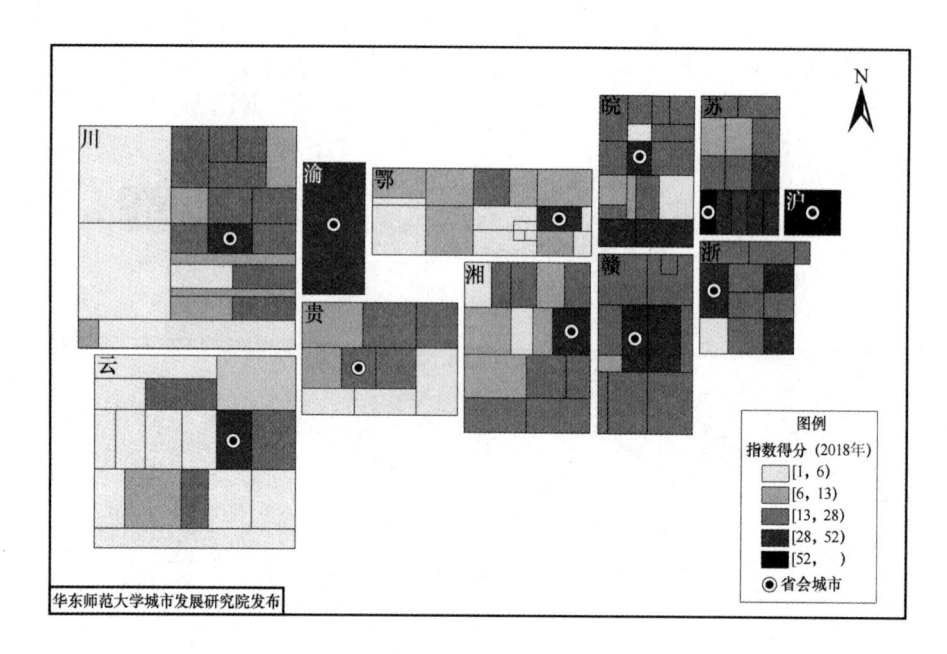

图 A2 – 3　2018 年长江经济带各城市协同发展能力指数得分数值分布

第二，长江经济带各城市协同发展能力区域差异依旧较大。从得分的区域分布来看，2015 年长江经济带整体上东部城市的协同发展能力指数得分要高于中部城市得分，中部城市得分又高于西部城市得分，呈现出"东—中—西"阶梯式递减的变化趋势。到 2018 年，这种趋势依旧存在，但东部得分较高的城市数量明显增多，协同发展能力依旧处于领先地位，西部地区不同得分区间的城市数量分布与中部地区差距逐渐变小，城市协同发展能力逐渐拉近。东部沿海城市经济基础较好，且拥有较为发达的交通网络，与外界交流密切，在经济发展、科技创新、对外交流等方面均具有较大优势，在长江经济带协同发展过程中一直处于引领地位，而中部和西部地区在这些方面则相对较弱，一定程度上限制了城市的协同发展能力。

就具体城市来看，省会城市、直辖市、沿海多数城市得分一直较高。2015年，只有上海、苏州、武汉、杭州、成都、重庆、南京、宁波、无锡几个城市的协同发展指数得分超过28分，数量很少，这些城市多为省会城市、直辖市及沿海城市，分布较为零散。到2018年，除前面提到的九个城市外，长沙、合肥、南昌、镇江、温州、昆明、南通、宣城、抚州、黄山几个城市的协同发展能力也发展起来，得分超过了28分。这些城市中，上海得分依旧是最高的，在所有城市中处于龙头地位，黄山由于其生态保护方面的得分优势使得整体得分较高，其他城市近几年发展速度加快，协同发展能力也在不断增强。

报告为更深入地比较长江经济带各城市协同发展能力建设情况，再次运用Arcgis10.2软件对2015—2018年长江经济带各城市协同发展指数得分排名变化进行可视化表示（见图A2-4），结果显示如下。

第一，从城市方面来看，城市排名变动幅度整体较小，长江经济带协调发展能力稳步提升。主要表现在：①总得分高的城市排名变化较小，这些协同发展能力较好的城市发展较为稳定。2015年协同发展能力得分排名前十的上海、苏州、武汉、杭州、成都、重庆、南京、宁波、长沙及昆明十个城市在近4年中，上海排名一直处于首位，排名变化值为0，重庆、南京和长沙三市排名上升，其余七个城市排名均有所下降，但排名下降值较小，苏州、武汉、杭州、成都和宁波几个城市近些年来经济发展速度较快，但是排名依旧下降，主要原因是在于其生态发展方面的限制。这六个城市都包含数量较多的高污染性企业，单位GDP能耗较高，且几个城市的空气质量指数（AQI）均相对偏高，生态风险较大，生态发展能力偏弱。②总得分低的城市排名变化程度相对适中，仅个别城市排名变动明显。与2015年相比，2018年大多数城市协同发展能力排名变动在〔-35，35〕范围之间，排名变化相对较小。排名上升值超过70名的城市数量最少，只有资阳市、巴中市和丽江市三个城市，主要是因为2015年时三个城市在经济发展、科技创新和交流服务三方面水平均较低，三个指标得分排名靠后导致2015年的协同发展能力整体得分较低，城市排名较为靠后。到2018年加入生态保护指标后，由于三个城市在生态保护和风险防控方面的突出表现，三市的生态保护方面得分排名都十分靠前，2018年在110个地级市中分别排名第8、第6和第4，使得2018年的协同发展能力整体得分提升明显，排名上升值较大。

　　第二，从空间分布来看，东部地区城市拥有区位、经济等方面优势，其协同能力依旧在快速提升并表现出优化调整的态势，中西部城市则依然处于快速追赶阶段。主要表现在：①排名下降的城市大多分布在东部及中部地区。东部部分城市的排名下降但下降值很小，主要是因为与这些城市发展水平相近的城市协同发展能力的增强，这些城市之间的排名出现较小的波动，如南京与合肥两市的排名由2015年的第7位和第14位上升至2018年的第2位和第9位，使得苏州、杭州、宁波、无锡等城市排名均下降2—4名，但这些城市的排名仍然靠前，城市的协同发展能力得分依旧很高。②中西部地区多数城市排名变动较大，西部地区的多数城市排名有不同程度的上升。西部地区多数城

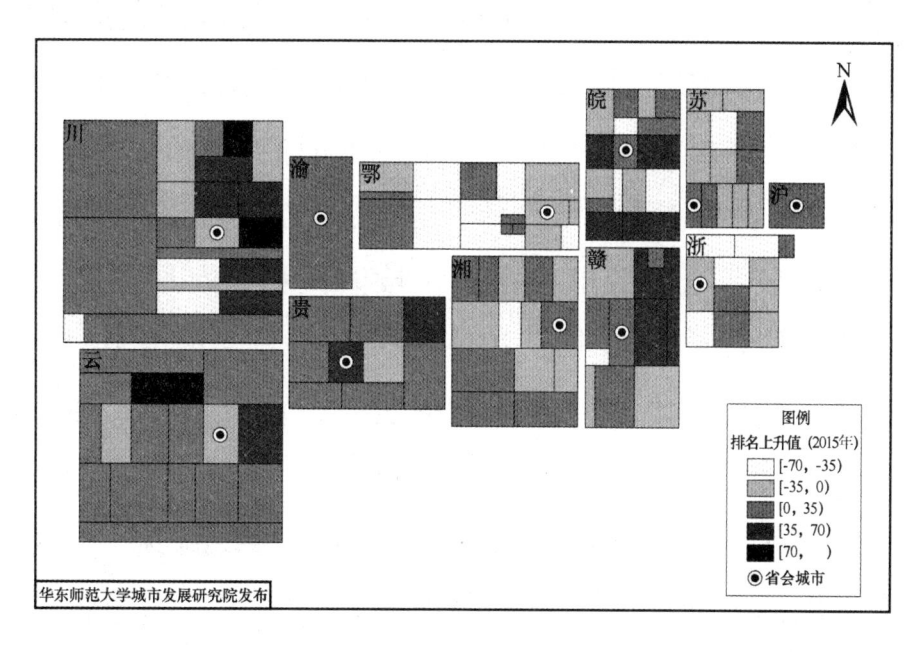

图A2-4 2015—2018年长江经济带各城市协同发展能力排名变化

市排名上升主要是因为近几年长江经济带发展战略的实施及国家对西部地区城市发展的愈加重视，西部地区城市的综合实力在不断增强，逐渐拉近甚至赶超中部地区部分城市的发展水平。不过，在追赶发展的过程中，原本协同能力较弱的城市在发展速度上也存在明显差异。

综合以上几方面的分析，2015—2018年长江经济带各城市协同发展能力提升明显，在政府发布的推动长江经济带发展重大国家战略的纲领性文件——《长江经济带发展规划纲要》的指导下，未来长江经济带整体实力将继续增强，发展的趋势继续向好，整体协同发展能力提升速度将会加快。东部地区的城市在经济发展、科技创新、交流服务等方面均具有较大优势，在长三角区域一体化发展上升为国家战略的背景下，未来该地区城市的协同发展能力依旧能保持强劲的发展势头，中西部城市的协同发展能力差距将逐渐缩小，相对于东部地区城市，很长一段时间内将继续呈追赶态势。相较于2015年，2018年交通信息交流能力对长江经济带整体协同发展能力的贡献率降低明显，生态发展能力的贡献率占比较高，长江经济带整体协同发展能力的提升受交通信息交流能力限制影响变小，生态发展能力的影响作用逐渐明显，未来短时间内依旧呈现这种趋势。随着生态文明建设的日益深化，各城市对生态环境保护及污染治理更为重视，生态发展能力已经成为衡量城市综合实力的重要方面，对城市协同发展能力的影响逐渐增大。

参考文献

常纪文：《长江经济带如何协调生态环境保护与经济发展的关系》，《长江流域资源与环境》2018年第6期。

陈德敏：《长江沿岸地区产业规划研究》，《中国软科学》2000年第4期。

盖文启、王缉慈：《论区域创新网络对我国高新技术中小企业发展的作用》，《中国软科学》1999年第9期。

洪银兴、王振、曾刚等：《长三角一体化新趋势》，《上海经济》2018年第3期。

康亮：《从港口腹地联运系统角度对上海和鹿特丹港的对比分析》，《江苏商论》2013年第8期。

李汝资、刘耀彬、王文刚等：《长江经济带城市绿色全要素生产率时空分异及区域问题识别》，《地理科学》2018年第9期。

刘勇、许云：《建设长江经济带正当其时》，《中国发展观察》2014年第6期。

陆大道：《长江大保护与长江经济带的可持续发展——关于落实习总书记重要指示》，《实现长江经济带可持续发展的认识与建议》，《地理学报》2018年第10期。

陆大道：《建设经济带是经济发展布局的最佳选择——长江经济带经济发展的巨大潜力》，《地理科学》2014年第7期。

罗来军、文丰安：《长江经济带高质量发展的战略选择》，《改革》2018年第6期。

罗清和、张畅：《长江经济带：一种流域经济开发的依据、历程、问题和模式选择》，《深圳大学学报》（人文社会科学版）2016年第6期。

马世骏、王如松：《社会—经济—自然复合生态系统》，《生态学报》1984年第1期。

马双、王振：《长江经济带城市绿色发展指数研究》，《上海经济》2018年第5期。

马双、曾刚：《长江经济带城市间的创新联系及其空间结构分析》，《世界地理研究》2018年第4期。

宓泽锋、周灿、朱菲菲：《生态文明建设的路径依赖与互动关系变化——基于2003—2015年长江经济带地级市面板数据》，《地理研究》2018年第10期。

乔小燕、胡平：《中德会展中心城市的比较分析——以上海、慕尼黑和法兰克福为例》，《上海经济研究》2010 年第 10 期。

秦佳文、赵程程：《德国创新生态系统发展特征及启示》，《合作经济与科技》2016 年第 19 期。

沈玉芳、罗余红：《长江经济带东中西部地区经济发展不平衡的现状、问题及对策研究》，《世界地理研究》2000 年第 2 期。

沈玉芳、张超、张之超：《上海与长江中上游地区经济协调发展研究》，《长江流域资源与环境》2000 年第 4 期。

滕堂伟、胡森林、侯路瑶：《长江经济带产业转移态势与承接的空间格局》，《经济地理》2016 年第 5 期。

王丰龙、曾刚：《长江经济带研究综述与展望》，《世界地理研究》2017 年第 2 期。

王丰龙、曾刚、叶琴等：《基于创新合作联系的城市网络格局分析——以长江经济带为例》，《长江流域资源与环境》2017 年第 6 期。

王磊、段学军、杨清可：《长江经济带区域合作的格局与演变》，《地理科学》2017 年第 12 期。

王思凯、张婷婷、高宇等：《莱茵河流域综合管理和生态修复模式及其启示》，《长江流域资源与环境》2018 年第 1 期。

王同生：《莱茵河的水资源保护和流域治理》，《水资源保护》2002年第4期。

王中敏、张令茹：《长江经济带建设中水资源利用问题与保护对策研究》，《中国水利》2018年第11期。

吴常艳、黄贤金、陈博文等：《长江经济带经济联系空间格局及其经济一体化趋势》，《经济地理》2017年第7期。

吴传清、黄磊：《长江经济带工业绿色发展绩效评估及其协同效应研究》，《中国地质大学学报》（社会科学版）2018年第3期。

吴威、曹有挥、梁双波等：《长江经济带航空运输发展格局及对策建议》，《经济地理》2018年第2期。

肖金成、刘通：《长江经济带：实现生态优先绿色发展的战略对策》，《西部论坛》2017年第1期。

徐长乐：《建设长江经济带的产业分工与合作》，《改革》2014年第6期。

徐长乐、徐廷廷、孟越男：《长江经济带产业分工合作现状、问题及发展对策》，《长江流域资源与环境》2015年第10期。

严翔、成长春：《长江经济带科技创新效率与生态环境非均衡发展研究——基于双门槛面板模型》，《软科学》2018年第2期。

曾刚、曹贤忠：《上海与长江经济带一体化发展研究》,《中国发展》2015年第4期。

曾刚:《长江经济带协同创新研究:创新·合作·空间·治理》,经济科学出版社2016年版。

曾刚:《长江经济带协同发展的基础与谋略》,经济科学出版社2014年版。

曾刚、王丰龙:《长江经济带城市协同发展能力测评研究》,《人民论坛·学术前沿》2016年第2期。

曾刚、王丰龙:《"长江经济带城市协同发展能力指数"发布》,《环境经济》2016年第Z6期。

曾刚、王丰龙等:《长江经济带城市协同发展能力指数(2017)研究报告》,中国社会科学出版社2018年版。

曾刚、王丰龙、滕堂伟等:《长江经济带城市协同发展能力指数(2016)研究报告》,中国社会科学出版社2017年版。

张学良、吴传清、梁本凡等:《长江经济带:热点有玄机 改革传媒发行人、编辑总监王佳宁深度对话六位知名学者》,《改革》2015年第6期。

朱贻文、曾刚、邹琳等:《长江经济带区域创新绩效时空特征分析》,《长江流域资源与环境》2017年第12期。

Bachtler J, Taylor S, 1996. Regional Development Strategies in Objective 2 Regions: A Comparative Assessment

［J］. Regional Studies, 30（8）: 723 – 732.

Berry B J L, 1981. Comparative urbanization: Divergent paths in the twentieth century［M］. St. Martin's Press

Boschma R A, Lambooy J G, 1999. Evolutionary economicsand economic geography［J］. Journal of Evolutionary Economics, 9（4）: 411 – 429.

Boschma R, Frenken K, 2011. The emerging empirics of evolutionary economic geography［J］. Journal of Economic Geography, 11（2）: 295 – 307.

Cooke P, Leydesdorff L, 2006. Regional Development in the Knowledge-Based Economy: The Construction of Advantage［J］. The Journal of Technology Transfer, 31（1）: 5 – 15.

DiGaetano A, Klemanski J S, 1993. Urban Regimes in Comparative Perspective: The Politics of Urban Development in Britain［J］. Urban Affairs Quarterly, 29（1）: 54 – 83.

Doloreux D, 2004. Regional Innovation Systems in Canada: A Comparative Study［J］. Regional Studies, 38（5）: 479 – 492.

Frenken K, Boschma R A, 2007. A theoretical framework for evolutionary economic geography: industrial dynamics and urban growth as a branching process［J］. Journal of Economic Geography, 7 (5): 635 – 649.

Hinderink J, Titus M, 2002. Small Towns and Regional Development: Major Findings and Policy Implications from Comparative Research [J]. Urban Studies, 39 (3): 379 – 391.

Martin R, 2010. Roepke Lecture in Economic Geography—Rethinking Regional Path Dependence: Beyond Lock-in to Evolution [J]. Economic Geography, 86 (1): 1 – 27.

Storper M, 2011. Why do regions develop and change? The challenge for geography and economics [J]. Journal of Economic Geography, 11 (2): 333 – 346.

曾刚（1961—），男，湖北省武汉市人，1992年7月获德国Justus Liebig-University Giessen博士学位，2000—2004年先后担任德国Duisburg-Essen University、Leiniz University of Hannover兼职教授。现为华东师范大学区域经济学终身教授、二级教授、A类特聘教授、博士生导师、城市发展研究院院长、长江流域发展研究院院长、教育部人文社科重点研究基地中国现代城市研究中心主任、上海市人民政府决策咨询研究基地曾刚工作室/上海市社科创新基地长三角区域一体化研究中心主任，兼任中国区域科学协会副理事长等职务，主持国家社会科学基金重大项目、国家重点研发计划等课题。先后在国外出版著作6部、国内出版著作8部，在中外学术期刊发表论文280余篇，在生态文明、产业集群、区域创新等研究领域取得了系列重要研究成果。

王丰龙（1988—），男，内蒙古赤峰市人，哲学博士，现为华东师范大学城市发展研究院副教授、上海市晨光学者，兼任教育部人文社科重点研究基地中国现代城市研究中心兼职研究员、行政区划与空间治理专业委员会秘书长和政治地理与地缘关系专业委员会委员。主要从事长江经济带、政治地理学和幸福感等方向研究。先后在《Urban Studies》《Housing Studies》《Cities》《Urban Geography》《Urban Policy and

Research》等SSCI期刊发表论文9篇，在《地理学报》《中国人口科学》等权威和CSSCI期刊发表论文50余篇，出版专著3部，获省部级以上科研奖励3项。

滕堂伟（1973—），男，山东省莒南市人，经济学博士，地理学博士后，现为华东师范大学城市与区域科学学院副院长、教授，国土开发与区域经济研究所主任，主要从事集群创新与区域经济发展模式研究。先后主持完成国家社科基金一般项目、教育部重大招标项目、上海市软科学重点项目、上海市政府决策咨询以及国家社科基金重点/重大项目、教育部人文社科重大研究项目、国家重点研究计划等子课题20余项；在《Growth and Change》等SSCI期刊发表论文3篇，在《管理世界》《民族研究》《经济学动态》《地理学报》《地理科学》《经济地理》等权威与核心期刊发表论文50余篇；在人民出版社、科学出版社出版专著3部；获省部级以上科研及教学奖励4项。担任中国区域科学协会创新专业委员会副主任、秘书长，中国地理学会经济地理专业委员会委员。

胡德（1979—），男，重庆人，人文地理学博士，现就职于华东师范大学城市与区域科学学院，从事行政区域与行政区经济、城市与区域治理等领域的研究。